MODERN HUMANITIES RESEARCH ASSOCIATION

CRITICAL TEXTS

VOLUME 9

Editor
MALCOLM COOK
(*French*)

ISTOIRE DE LA CHASTELAINE DU VERGIER ET DE TRISTAN LE CHEVALIER

La chastelaie du vergi

A   nobles gens sont
    qui tant saget leur
    loiaulx et secrés
    et moustrent sembla-
    ble de dire leur gret
    qui par celles.
    faisons se pour
    leur bel parller

Tres devenant les gens se fient ny culx Et
qui par droitte foy amour et charité les
gens si fient et culx les destruyseur de lor
fuite union parece que culx qui le veullent
savoir prometent de les celler Et culx par
leur coinage trahyst et failly tantost quilz
ont la choisson sefforcent de les deschovrir
Et deschellez a la grant blasme confusion et
honte de culx qui seablement si fient Et
leur ont ouvert et desclos leur penser
Et les langues de telles gens sont comparees
auz langues des serpens qui sont tous
si quilles touchent naffrent a mort Et
pour moult profitable sagesse de savoir celler

Incipit du ms. Paris, BnF, nouv. acq. fr. 6639, fol. 108 r.

...y mis mon espouse a mort q par faulce
envie z jangleurs amoit propter tout se
mesthief si suis ores tout seul e sans secours
et useray tout le plus de ma vie en habondance de tristesses dont affin que dieu ait mercy de
moy je propose laissier le monde et toutes
ses vanitees z entrer en religion pour
contempler a servir dieu en penitence et
priant a dieu quy se mesue a pitie et
my pardonne ainsi quues des deux loyaulx
amoureulx le quel dieu gloieux nous
doinst a tous et a toutes aussi vraie z
fine amour quues la fin nous fasse heritiers a
son glorieulx royaulme en participation
de vision divine et de perdurable paix
Amen

Cy finist l'istoire de la chastelaine
du vergier et de tristan le chl'r

pour celluy q i... a ...
Ave maria ...

ISTOIRE DE LA CHASTELAINE DU VERGIER ET DE TRISTAN LE CHEVALIER

Édition critique établie et présentée par

Jean-François Kosta-Théfaine

MODERN HUMANITIES RESEARCH ASSOCIATION
2009

Published by

The Modern Humanities Research Association,
1 Carlton House Terrace
London SW1Y 5AF

© The Modern Humanities Research Association, 2009

Jean-François Kosta-Théfaine has asserted his right under the Copyright, Designs and Patents Act 1988 to be identified as the author of this work.

Parts of this work may be reproduced as permitted under legal provisions for fair dealing (or fair use) for the purposes of research, private study, criticism, or review, or when a relevant collective licensing agreement is in place. All other reproduction requires the written permission of the copyright holder who may be contacted at rights@mhra.org.uk.

First published 2009

ISBN 978-0-947623-68-5

ISSN 1746-1642

Copies may be ordered from www.criticaltexts.mhra.org.uk

Table des matières

Introduction	1
Istoire de la Chastelaine du Vergier et de Tristan le Chevalier	31
Notes	57
Glossaire	63
Index	69
Bibliographie	71
Annexes	75

Introduction

La Chastelaine de Vergi, ce court récit anonyme de 958 octosyllabes, composé au XIIIème siècle, a, outre son incontestable succès[1], manifestement marqué l'esprit médiéval. Le couple d'amants dont il narre les amours malheureuses a, en effet, été cité à maintes reprises à la même époque[2], et a aussi été représenté sur des tapisseries ou bien même des ivoires[3]. Il est, comme l'a souligné René Stuip, aux XIVème et XVème siècles,

---

[1] *La Chastelaine de Vergi* nous a, en effet, été conservé dans plus de vingt manuscrits : Paris, BnF, f. fr. 375, fol. 331 v – 333 v ; Berlin, Staatsbibliothek, Hamilton 257, fol. 37 v – 42 r ; Paris, BnF, f. fr. 837, fol. 6 r – 11 r ; Paris, BnF, f. fr. 1555, fol. 82 v – 96 v ; Paris, BnF, f. fr 2136, fol. 139 r – 152 v ; Paris, BnF, nouv. acq. fr. 4531, fol. 88 r – 94 v ; Paris, BnF, nouv. acq. fr. 13521, fol. 398 v – 403 v ; Paris, BnF, f. fr. 25545, fol. 84 r – 89 v ; Bruxelles, Bibliothèque Royale, 9574-9575, fol. 138 v – 144 r ; Rennes, Bibliothèque Municipale 243, fol. 121 r – 126 r ; De Ricci supplement Census A 2r00, Harry Walton Jr., Covington, Virginia, fol. 155 r – 161 v ; Paris, BnF, f. fr. 780, fol. 97 r – 110 v ; Paris, BnF, f. fr. 15219, fol. 77 r – 93 v ; Paris, BnF, f. fr 2236, fol. 71 r – 92 r ; Angers, Bibliothèque Municipale 548 (513), fol. 57 v – 76 v ; Valenciennes, Bibliothèque Municipale 417 (398), fol. 83 r – 99 v ; Genève, Bibliothèque Publique de la ville de Genève, 179 bis, fol. 14 r – 31 v ; Hambourg, Stadtbibliothek, Cod. Gall. 1, fol. 161 r – 191 r ; Oxford, Bodleian Library, 445, fol. 142 r – 158; Cambridge, Trinity Hall 12, fol. 90 r – 96 v; Paris, Ste Geneviève 2474, fol. 2 r – 17 v et Paris, BnF, Moreau 1715-1719, fol. 221 r – 250 r.

[2] R. Stuip donne, concernant les « citation du couple d'amants ou de la Châtelaine de Vergy seule dans la littérature française du XIVème au XVème siècle » la liste suivante : « 1339 : Jean de la Motte, *Regret[s] Guillaume comte de Hainaut* [La châtelaine modèle de Loyauté] ; env. 1368 : Froissart, *Paradys d'Amours* [La châtelaine exemple d'une dame amoureuse] ; env. 1373 : Froissart, *Prison amoureuse* [Méfiez-vous de Fortune ; gardez voz secrets !] ; env. 1372 : Chevalier de la Tour Landry, *Livre pour l'enseignement de ses filles* [Méfiez-vous de la passion, elle mène à l'adultère et à la mort] ; env. 1380 : Deschamps, *Lay* [Châtelaine exemple d'une dame malheureuse par amour] ; ?: Deschamps ?; *Ballade* attribuée XLII [Châtelaine femme exemplaire] ; avant 1389 : Philippe de Mézières, *Songe du vieil Pelerin* [La dame du Vergier mise en rapport avec Luxure] ; 1402 : Christine de Pizan, *Debat des deuz amants* [Dangers d'un amour trop fort] ; avant 1414 (peut-être avant 1400) : *Echecs amoureux* [Allusions à la châtelaine de Vergy] ; 1442 : Martin Le Franc, *Champion des Dames* [Cachez vos secrets] ; env. 1465 : *Roman du Chastelain de Coucy*, mise en prose [Méfiez-vous des 'mesdedisans'] ; fin XVème : *Placides et Timeo* [Méfiez-vous de votre femme !] », R. Stuip, « La *Châtelaine de Vergy* du XIIIème au XVIIIème », in *La Nouvelle : définition, transformations*, éd. B. Alluin et F. Suard, Lille, Presses Universitaires de Lille, 1990, pp. 151-161, (note 10, pp. 159-160).

[3] L. Gross, « La *Chastelaine de Vergi* Carved in Ivory », *Viator*, 10, 1979, pp. 311-321.

« employé pour illustrer l'amour fidèle, parfois pour prévenir contre les dangers de l'amour adultère. En général on y consacre quelques vers ou quelques lignes dans un developpement plus important ; souvent nos amants sont nommés dans une série où se trouvent également par exemple Tristan et Yseult »[4]

Il existe, en outre, diverses réécritures de ce texte. Ainsi, à la fin du XVème siècle est élaborée une mise en prose anonyme intitulée *Istoire de la Chastelaine du Vergier et de Tristan le Chevalier*[5]. Au siècle suivant, *La Chastelaine de Vergi* aurait inspirée une pièce de théâtre aujourd'hui perdue. En 1540, on trouve un autre texte, qui nous a été conservé, intitulé *Livre d'amours du chevalier et de la dame chastellaine du Vergier*[6]. Sa forme a fait croire qu'il s'agissait d'une pièce de théâtre[7], mais il n'en est rien. Il convient plutôt de qualifier ce texte, selon la formule de René Stuip, de « version 'dramatique' »[8] ou bien même de « moralité ». Le poème du XIIIème siècle inspire, enfin, en 1559, à Marguerite de Navarre, la soixante-dixième nouvelle de

---

[4] Cf. R. Stuip, « La *Châtelaine de Vergy* du XIIIème au XVIIIème », *op. cit.*, p. 154.

[5] Voir au sujet de ce texte les études suivantes : C. Almeida Ribeiro, « De la *Castelaine de Vergi* à la *Chastelaine du Vergier* : mise en prose et moralisation », *Ariane*, 6, 1988, pp. 15-24 ; M. Roques, « La *Chastelaine du Vergier* », *Romania*, 67, 1941, pp. 370-371 ; R. Stuip, « L'*Istoire de la Chastelaine du Vergier* », in *Actes du IVème Colloque International sur le Moyen Français*, publiés par Anthonij Dees, Amsterdam, (Faux Titre 16), Rodopi, 1985, pp. 337-339 ; J. Kjaer, « L'*Istoire de la Chastelaine du Vergier et de Tristan le Chevalier* (XVème siècle). Essai d'interprétation », *Revue Romane*, 23, 1988, pp. 260-282 ; M. Malfait-Dotet, « Du chevalier anonyme 'li fin amant' au 'loial amy' Tristan : une évolution de l'écriture amoureuse du XIIIème au XVème siècle », in *La 'Fin Amor' dans la culture féodale*, éd. D. Buschinger et W. Spiewok, Greiswald, Reineke Verlag, 1994, pp. 97-107 et A. Negri, « A proposito de *La Chastelaine du Vergier* », *Francofonia*, XXII, 1992, pp. 143-157.

[6] Voir, à son sujet, l'étude de R. Stuip et T.J. Van Tuijn, « Interférences entre *La Chastelaine de Vergy* et *Le Roman de la Rose* », *Neophilologus*, 70 : 3, 1986, pp. 469-471.

[7] R. Stuip, « La *Châtelaine de Vergy* du XIIIème au XVIIIème », *op. cit.*, p. 154, précise que « La forme dialoguée de ce texte versifié, les indications en prose qui se retrouvent dans le texte, la présence de 'messagers' et quelques autres traits ont pu faire croire qu'il s'agissait ici d'une pièce de théâtre ; peut-être même d'un descendant de cette 'moralité' perdue du XVème siècle. »

[8] R. Stuip, « La *Châtelaine de Vergy* du XIIIème au XVIIIème », *op. cit.*, note 8, p. 159.

l'*Heptaméron*[9]. Mais la fortune de *La Chastelaine de Vergi* ne s'arrête pas là. Elle est, comme l'a bien illustré René Stuip, restée très présente dans la littérature française des siècles suivants, et se retrouve dans différentes formes de récits et sous divers titres, du XVIIème au XVIIIème siècle[10].

---

[9] Voir, parmi d'autres, les études suivantes : M. Bensi, « *La Châtelaine de Vergy*. Entre Marguerite de Navarre et Matteo Bandello », in *Du Pô à la Garonne*, Agen, Centre Matteo Bandello, 1990 ; H. Charpentier, « De *La Chastelaine de Vergi* à la soixante-dixième nouvelle de l'Heptaméron, ou les métamorphoses de l'infinitif », *Revue régionaliste des Pyrénées*, 67, 1984, pp. 55-82 ; J. Frappier, « *La Chastelaine de Vergi*, Marguerite de Navarre et Bandello », in *Du Moyen Age à la Renaissance : études d'histoire et de critique littéraire*, Paris, Champion, 1976, pp. 393-474 ; N. Piguet, « De *La Chastelaine de Vergi* à Bandello. La dérive du tragique vers le romanesque », in *Amour tragique, amour comique, de Bandello à Molière*, Paris, SEDES, 1989, pp. 11-27 ; A.L. Stiefel, « Die *Chastelaine de Vergy* bei Margarete von Navarra und bei Matteo Bandello », *Zeitschrift für französische Sprache und Literatur*, 36, 1910, pp. 103-115 ; E. Lorenz et A.L. Stiefel, « Die *Chastelaine de Vergy* bei Margarete von Navarra und bei Matteo Bandello », *Zeitschrift für französische Sprache und Literatur*, 38, 1911, pp. 278-279 ; M. Tetel, « De *La Chastelaine de Vergy* à l'*Heptaméron*, 70, à Bandello IV, 5 : une réécriture », in *Du Pô à la Garonne*, Agen, Centre Matteo Bandello, 1990 et A. Parancs, « L'ancienne histoire de *La Chastelaine de Vergi* et son adaptation nouvelle par Marguerite de Navarre », *Revue d'Etudes Françaises*, 7, 2002, pp. 135-152.

[10] Cf. R. Stuip, « La *Châtelaine de Vergy* du XIIIème au XVIIIème », *op.cit.*, pp. 154 et suiv., rappelle que Bandello emprunte le sujet à Marguerite de Navarre, que François de Belleforest traduit le texte de Bandello vers 1582, que le seigneur du Souhait s'inspire également de Marguerite de Navarre pour sa tragédie en quatre actes en alexandrins, publiée en 1599, intitulée *Radegonde Duchesse de Bourgogne* (voir à ce sujet L.E. Dabney, « A Sixteenth Century French Play Based on The *Chastelaine de Vergi* », *Modern Language Notes*, 38 : 7, 1933, pp. 437-443 et M. Bertaud, « Une *Chastelaine de Vergi* au crépuscule du XVIème siècle : la *Radegonde* de Du Souhait », in *Amour tragique, amour comique, de Bandello à Molière*, Paris, SEDES, 1989, pp. 29-50), et que le texte du comte de Vignacourt, qui date de 1722, se base probablement sur la traduction de Belleforest. Il ajoute, enfin, qu'il existe « un dernier travestissement de notre récit du XIIIème siècle, à savoir la 'traduction' qu'en donne Le Grand d'Aussy. Celui-ci, tout en suivant en général d'assez près le texte d'un des vieux manuscrits médiévaux qu'il avait sous la main à la Bibliothèque Nationale, introduit quand même des changements. J'en signale deux : le premier est que le chevalier s'appelle maintenant Agolane, un nom qu'il n'a pas encore porté. Le deuxième changement est bien curieux. Pour quelque raison obscure Le Grand d'Aussy gomme dans sa traduction la seule strophe lyrique qui se trouvait dans le texte du XIIIème siècle, et qui venait justement d'une chanson du Châtelain de Coucy ... On dirait que la combinaison de Coucy et Vergy a obsédé les esprits du XVIIIème siècle », p. 157.

Le texte et son modèle.

L'*Istoire de la Chastelaine du Vergier et de Tristan le Chevalier* paraît, de prime abord, suivre d'une façon presque fidèle son modèle du XIIIème siècle. Ces deux textes narrent l'histoire d'amours malheureuses d'un chevalier qui aime la nièce – qui n'est autre que la Châtelaine – du duc de Bourgogne. La femme de ce dernier, dont le chevalier a repoussé les avances, se venge en faisant croire à la châtelaine qu'elle a été trahie par celui qu'elle aime. La châtelaine meurt de cette découverte, et le chevalier se donne la mort, ne pouvant survivre à la perte de celle qu'il aime. Le duc de Bourgogne, furieux de la conduite de sa femme, la tue publiquement. A cela s'ajoute également le fait qu'il est possible de repérer, à divers endroits des deux textes, des expressions qui attestent bien de ressemblances entre eux :

La Chastelaine de Vergi[11]	*Istoire de la Chastelaine du Vergier et de Tristan le Chevalier*
« Une maniere de gent sont Qui d'estre loial samblant font Et de si bien conseil celer Qu'il se covient en aus fïer ; » (vv. 1-4)[12]	« Aucunes gens sont quy tant s'apellent loiaulx et secreps et monstrent samblant de donner bon

---

René Stuip donne, par ailleurs, dans la note 2 p. 159 de son article, la liste des « œuvres en français du XVIIIème siècle où nous trouvons des reflets des amours du seigneur de Coucy et 'Gabrielle de Vergy' : 1733 : Mlle de Lussan, *Anecdotes de la Cour de Philippe Auguste* ; 1752 : Le Duc de La Vallière, *Les Infortunés Amours de Gabrielle de Vergi et de Raoul de Coucy, romance* ; 1760 : M. Mailhol, *Lettre en vers de Gabrielle de Vergy, à la comtesse Raoul sœur de Raoul de Coucy* ; 1770 : P.L. Buyrette de Belloy, *Gabrielle de Vergy, tragédie* ; 1770 : Mme de Marron, *La comtesse de Fayel, tragédie de société* ; 1770 : Baculard d'Arnaud, *Fayel, tragédie* ; 1777 : B. Imbert et L. d'Ussieux, *Gabrielle de Passi, parodie de Gabrielle de Vergi.* ».

[11] Nous citons ce texte d'après l'édition suivante : *La Chastelaine de Vergi. Poème du XIIIème siècle*, édité par Gaston Raynaud, quatrième édition, revue par Lucien Foulet, Paris, Champion, 1912 (1987).

[12] *Idem*, p. 2.

« Ma dame, je ne le sais pas ;
Mes je voudroie vostre amor
Avoir par bien et par honor.
Mes de cele amor Dieus me gart
Qu'a moi n'a vous tort cele part
Ou la honte mon seignor gise,
Qu'a nul fuer ne a nule guise
N'enprendroie tel mesprison
Comme de fere traïson
Si vilaine et si desloial
Vers mon droit seignor natural. »
(vv. 88-98)[13]

« Dont dist li dus au chevalier :
Se vous me volez afier
Par vostre leal serement
Que vous me direz vraiement
Ce que je vous demanderoie, »
(vv. 217-221)[14]

conseil quy, par celles raisons et pour leur bel parolles tres decevant, les gens se fient en eulx, si que par droitte foy, amour et charité, les gens s'i fient. »
(fol. 108 r)

« Dame, dit Tristan, je sçay bien que non, car je ne voy aucune chose ne raison pour quoy vous me doyés amer en telle magniere. Et aussi j'ayme bien monseigneur le duc de si loyalle amour que je ne vouldroye, pour chose quy fust, amer ne pencer en lieu dont il fust, ne qu'i peult par mon fait avoir deshonneur. » (fol. 115 r)

« Et adonc parla le duc a luy en ceste magniere : -Tristan, ne vous troublés aucunement en vostre courage de chose que je vous die, car je veuil savoir de vous une chose ; dont se jamais

---

[13] *Idem*, pp. 3-4.

[14] *Idem*, pp. 7-8.

	voullés estre mon amy, gardés que ne me cellés verité de se que je vous demanderay. » (fol. 117 r)
« Que m'en lessiez sanz nul doute Savoir en la verité toute Et se ce fere ne volez, Comme parjurs vous en alez Hors de ma terre sanz deloi ! » (vv. 263-267)[15]	« C'est que me desclairés premier ce que je demande, ou que vous vuidiés ma terre et toute ma seignorie sans jamais retourner. » (fol. 118 r)
« Mes je voudroie mieus morir Que perdre ce que je perdroie Se le voir dit vous en avoie ; Quar s'il estoit de li seü Que l'eüsse reconneü A jor qui fust a mon vivant … ! » (vv. 326-331)[16]	« J'ayme mieulx a morir que de desceller, et suis certain que se je le vous dis, que moy et celle que j'ayme en perdrons la vie. » (fol. 118 v)
« Lors dist li dus: Je vous creant Seur le cors et l'ame de moi Et sor l'amor et sor la foi Que je vous doi sor vostre hommage, Que ja en trestout mon eage N'en ert a creature nee Par moi novele racontee Ne samblant fet grant ne petit. » (vv. 332-339)[17]	« Et je vous promet encore plus avent que, en quelque lieu que vous amés, et fust ma mere, ma fille ou ma femme, que je le vous par-donne, mais que me diés toute la verité. » (fol. 118 v)

---

[15] *Idem*, p. 9.

[16] *Idem*, p. 11.

[17] *Idem*, p. 11.

« Et dist li dus : Ce n'avint onques :
Comment i avenez vous donques,
Ne comment savez lieu ne tens ? »
(vv. 349-351)[18]

« Mais je vous prie que me diés en quelle magniere vous poués savoir lieu et temps de parler l'un a l'autre, s'il est ainssi que nul ne sache l'estat de vos amours que vous deulx. » (fol. 119 v)

« Lors dist li dus : Je vous requier
Que a vostre terme premier
Vueilliez que vostre compains soie
D'aler o vous en ceste voie,
Quar je vueil savoir sans aloingne
Se ainsi va vostre besoingne :
Si n'en savra ma niece rien. »
(vv. 359-365)[19]

« Si vous prie que a la premiere fois que vous irés je vous fasse comppaignie, car ma niepce n'en sara riens. » (fol. 119 v – 120 r)

« D'iluec vit en la chambre entrer
Le chevalier, et vit issir
Sa niece et contre lui venir
Hors de la chambre en un prael,
Et vit et oï tel apel
Comme ele li fist par solaz
De salut de bouche et de braz,
Si tost comme ele le choisi.
De la chambre vers lui sailli
Et de ses biaus braz l'acola
Et plus de cent foiz le besa

« Le bon chevalier vint a sa dame et maistresse, laquelle il atendoit en grant affeccion de desir. Il la salua en tres amoureuse reverance, et elle luy vint encontre a moult humble et joieuse chere, en le recevant et le acueillant tant bel que plus dire ne puis. Et

---

[18] *Idem*, pp. 11-12.

[19] *Idem*, p. 12.

Ainz que feïst longue parole. »
(vv. 392-404)[20]

aprés se qu'i se furent entre-baisiés et acollés moult honourablement et par magniere tres ordonnee, ilz commencerent a parler ensamble moult gracieuse-ment de plaisantes parolles.» (fol. 120 r 120 v)

« Quant li dus l'ataint, si l'acole
Et li a fet joie mout grant,
Puis li a dit : Je vous creant
Que toz jors mes vous amerai
Ne ja mes jor ne vous harrai,
Quar vous m'avez de tout voir dit
Et ne m'avez de mot mentit.
-Sire, fet cil, vostre merci !
Mes por Dieu vous requier et pri
Que cest conseil celer vous plaise,
Qu'amor perdroie et joie et aise
Et morroie sanz nule faute,
Se je savoie que nul autre
Ice savroit fors vous sanz plus
-Or n'en parlez ja, fet li dus ;
Sachiez qu'il ert si bien celé
Que ja par moi n'en ert parlé.
Ainsi s'en sont parlant venu
La dont il estoient meü. » (vv. 490-508)[21]

« Et tantost qu'il vist son loyal chevalier il luy vint au devant et l'acolla moult estroitement disant :
- Certes, mon cher frere et loyal comppaignon, ores suis je maintenant tout asseuré que vous me estes loyal, et que aucuns quy vous ont cuidié blasmer et oculper vers moy ont eu tord de vous. Si poués bien estre certain que d'ores en avant seray vostre, de corps d'amis et de chevance et puissance, cent mil fois plus que onques ne fus. Et mercie Dieu quy tant de grace a fait a vous et a ma niepce qu'y de vos deux cuers a fait une voullenté, car je croy que

---

[20] *Idem*, p. 13.

[21] *Idem*, p. 16.

onques ne furent amours tant acomplies en perfeccion de vraye loyaulté, plaisir, gracieuseté et honneur come celle de vous deux, car en voiant vostre amoureux et honorable deport, et oyant vos consolables et amoureuses parolles, j'ay passé ceste nuit en la plus gracieuse liesse que je sentis onques en mon vivant au cuer.

-Haa, monseigneur, dist Tristan, je vous remercie de l'onneur que me faictes et dictes, et des biens que vous me presentés, mais pour tous bons services et guerredon, je vous demande une seulle requeste : c'est si cher que vous aymés la vie de ma dame et de moy, qu'il vous plaise celler entierement se que je vous ay donné a congnoistre de nos amours.

-Cher frere et comppaignon, dit le duc, ostés vostre cuer de toute doubtance, car mieulx ameroye avoir perdu tous les biens que Dieu m'a prestés que jamais personne par moy en sceult aucunes nouvelles. Ces choses dictes, le duc

« Tant ai apris de son afere :
Si ne m'en enquerez ja plus.
Atant se part d'iluec li dus ;
Et ele remest mout penssive,
Que ja mes jor que ele vive,
Une eure a aise ne sera
Devant que plus apris avra
De ce que li dus li desfent
Qu'ele ne li demant noient ;
Que ja ne l'en tendra desfensse,
Quar en son cuer engin porpensse
Qu'ele le porra bien savoir,
S'ele s'en sueffre jusqu'au soir
Qu'ele ait le duc entre ses braz :
Ele sert bien qu'en tel solaz
En fera, ce ne doubte point,
Mieus son voloir qu'en autre point.
Por ce adonc atant se tint,
Et quant li dus couchier se vint,
A une part du lit s'est traite ;
Samblant fet que point ne li haite
Que li dus o li gesir doie,
Qu'ele set bien ce est la voie
De son mari metre au desouz
Par fert samblant de corouz.
Por ce se tint en itel guise
Que ele mieus le duc atise
A croire que mout soit irie ; »
(vv. 548-575)[22]

et le chevalier misrent fin en leurs parolles, et se departirent l'ung de l'autre.» (fol. 121 v – 122 r)

« Dame, dit le duc, atant paix ! Car pour riens ne le deceleroye, et se vous me voullés faire plaisir grant, c'est de jamais en ouvrir vostre bouche pour en parler en ma presence.
Et atant cessa le duc d'en parler. Et la duchesse fust moult comfuse de se que sa malle voullenté ne pouoist a sa fin traire. Si penssa environ partie de la nuit qu'elle ne cessa onques de plaindre, soupirer et plourer, mais pour ce ne se disposoit pas le duc a luy en dire aultre chose, pourquoy elle s'apenssa d'ung aultre barat. » (fol. 123 v – 124 r)

---

[22] *Idem*, p. 18.

« (...) si replora ;
Et li dus si l'acole et bese,
Et est de son cuer a malese,
Si que plus ne se pot tenir
De sa volenté descouvrir.
Puis si li dit : Bele dame,
Je ne sai que face, par m'ame,
Que tant m'afi en vous et croi
Que chose celer ne vous doi
Que li miens cuers sache ne ot ;
Me, je vous pri, n'en parlez mot : »
(vv. 629-640)[23]

« Adont elle l'acolla plus estroit que devant, luy joygnant pres de ses tetins et luy baisant la bouche et les yeulx, plourant a lermes, destournans et soupirans moult parfondement et en faisant les trahistres fainctes qu'elle peult, tant que le roy en prist pitié et luy dist :
-Dame, je ne puis plus vous voir tant couroucee, pour-quoy je vous diray se que vous demandés, se je savoye que le voulsissés celler, et le garder parfaicte-ment et entierement. »
(fol. 124 v)

« Ainz dist ausi comme par geu :
Chastelaine, soiez bien cointe,
Quar bel et preu avez acointe.'
Et cele respont simplement :
Je ne sai quel acointement
Vous penssez, ma dame, por voir,
Que talent n'ai d'ami avoir
Qui ne soit del tout a l'onor
Et de moi et de mon seignor »
(vv. 705-714)[24]

« -Soyés joieuse et faictes bonne chere, car femme pourveue de tant bel amy et gracieux comme vous estes, doit estre habille et legiere a tous esbatemens.
De ses parolles fust la chastelaine moult merveilleusement esbaÿe, et respondit moult humblement a la duchesse :
-Dame, je vouldroye

---

[23] *Idem*, p. 20.

[24] *Idem*, pp. 22-23.

	bien faire a vostre command bonne chere et joieuse
	feste, mais au regard des amours dont vous parllés, je vous dy bien que tallent n'ay d'avoir amy, sinon a l'ordonnance de mon tres redoubté seigneur et de vous, et a l'amour de chascun. » (fol. 125v)
« (…) Ha ! sire Dieus, merci ! Que puet estre que j'ai oï, Que ma dame m'a fet regret Que j'ai afetié mon chienet ? Ce ne set ele par nului, Ce sai je bien, fors par celui Cui j'amoie et trahie m'a ; Ne ce ne li deïst il ja S'a li neüst grant acointance, Et s'il ne l'amast sanz doutance Plus que moi cui il a trahie. » (vv. 733-743)[25]	« -Helas, vray Dieu glorieux, moy tres angoiseuse et dolante desconfortee ; aujourd'uy ay bien trouvé la fin de ma liesse quant madame m'a reprochié que j'ay affaittié mon chiennet, car par ce je puis clerement apercevoir que elle scet tout l'estat de nos amours, lesquelles ne peullent estre decellees sinon par celuy que j'amoye de tout mon cuer, et il m'a trahie ! » (fol. 126r-126 v)
« Comme a noz amors depecier Por autre amer et moi lessier, Et descouvrir notre conseil. » (vv. 769-771)[26]	« Hellas, mon amy, certes quant je regarde que mon cuer ne puis oster de toy et je sens que tu as donné tes amours a aultre qu'a

---

[25] *Idem*, pp. 23-24.

	moy en descouvrant nostre amoureuse aliance, » (fol. 127 v)
« Douz amis, a Dieu vous commant ! » (v. 834)[27]	« A Dieu te commant, mon bon amy. « (fol. 128 r)
« Au chevalier commande et rueve Qu'en la garderobe la quiere, Quar il le veut en tel maniere, Por leenz entr'eus solacier Com d'acoler et de besier. Et cil qui li en sot hauz grez Est en la garderobe entrez Ou s'amie gisoit enverse El lit, descoloree et perse. Cil maintenant l'acole et baise, Qui bien en ot et lieu aise ; Mes la bouche a trovee froide Et partout bien pale et bien roide, Et au samblant que li cors moustre Voit bien qu'ele est morte tout outre. » (vv. 856-870)[28]	« Si dist le duc a Tristan qu'il alast vers elle et la menast a la feste, lequel tout seul y alla moult joieulx. Et comme il entra en la chambre et il la vist gesir a terre sur le tappis, elle estant morte, il fust moult esmerveillié encores quant il la vist tant desolablement esploree et eschevellee. Mais il ne cuidoit pas qu'elle fust morte, car elle avoit encores sa biaulté vermeille et coulouree pour la grant habondance quy lui avoit esmeü le sanc. Si l'apella, mais elle ne parlla point. » (fol. 128 v)

---

[26] *Idem*, p. 24.

[27] *Idem*, p. 26.

[28] *Idem*, p. 27.

« Et la pucele est hors saillie,
Quant ele vit les cors sanz vie :
Hidor ot de ce qu'ele vit.
Au duc qu'ele encontra a dit
Ce qu'ele a oï et veü
Si qu'ele n'i a riens teü,
Comment l'a fere ert commencié,
Neïs du chienet afetié
Dont la duchoise avoit parlé.
Ez vous le duc adonc dervé :
Tout maintenant en la chambre entre,
Au chevalier trest fors du ventre
L'espee dont s'estoit ocis.
Tantost s'est a la voie mis
Grant oirre droit a la carole,
Sanz plus tenir longue parole,
De maintenant a la duchesse ; »
(vv. 901-917)[29]

« De laquelle inumerable pitié la chamberiere, quy vist tout le fait, fust moult esbaÿe, et s'en vint devers le duc moult piteusement effroyee, auquel elle racompta tout le fait de la mort de l'ung et de l'autre au mieulx qu'elle peult, et toutes leurs parolles et complainttes. Par quoy le duc entandit bien que la duchesse avoit pourchassié tout se meffait par couroulx et envie qu'elle n'avoit eu son plaisir de Tristan. Puis se remenbra que tout estoit venu par sa parolle, car il avoit descouvert le fait a la duchesse sans mal pencer, laquelle pour habondance de malice et d'envie estoit cause principal de tout celuy piteux meurtre. Si vint au lieu et vist la douloureuse adventure, dont il fust estroittement courroucé. Et adonc subitement mena grant ire, et trait l'espee hors du corps du chevalier, toute rouge du sanc. Si vint a la feste, et comme tout forcené et

---

[29] *Idem*, pp. 28-29.

> habandonné a toute desesperance, il escria la duchesse a mort, » (fol. 130 v – 131 r)

Il ne s'agit là que de quelques exemples, dont la liste, loin d'être exhaustive, pourrait encore être largement developpée.

Cependant, malgré ces apparences fortement trompeuses, il faut admettre que l'*Istoire de la Chastelaine du Vergier et de Tristan le Chevalier* n'est pas qu'un simple calque de *La Chastelaine de Vergi*. Elle suit certes, du point de vue de l'intrigue et de l'action, le poème du XIIIème siècle, mais elle le fait à plusieurs exceptions près et sait donc largement se démarquer de son modèle.

On peut tout d'abord observer que l'*Istoire de la Chastelaine du Vergier et de Tristan le Chevalier* ajoute des éléments, absents dans *La Chastelaine de Vergi*, entre le prologue et le début du récit. Ces développements sont relativement conséquents puisque, comme l'a souligné René Stuip qui en a calculé la longueur,

> « lorsqu'on compare la première partie des deux textes (c'est-à-dire jusqu'au passage où la duchesse va s'occuper du chevalier) on constate une importante différence quantitative : la prose est neuf fois plus longue que le texte en vers. Vu la longueur totale des deux textes (environ 45000 signes pour la version en prose, 30000 pour le texte en vers) on devrait s'attendre à des proportions bien différentes : 3 (prose) contre 2 (vers). Cette différence quantitative du début du texte s'explique par le souci de l'auteur de la prose de tout expliquer. »[30]

Le dessein de l'*Istoire de la Chastelaine du Vergier et de Tristan le Chevalier* dans ce long passage inserré entre le prologue et le début du récit semble effectivement être de tout nous expliquer. Il nous dévoile tout d'abord le nom du chevalier -Tristan :

> « Ung puissant duc de Bourgoigne fust, lequel avoit en sa court plusieurs nobles princes, contes, barons, chevaliers, et escuiers. Et entre les aultres

---

[30] R. Stuip, « L'*Istoire de la Chastelaine du Vergier* », *op. cit.*, pp. 344-345.

ung nommé Tristan, son premier chevalier quy tant estoit noble, vaillant et plain de toute biaulté que riens ne luy failloit quy se appartenist a noblesse. » (fol. 108 v-109 r)

La version en prose nous apprend également comment naît l'amour entre Tristan et la châtelaine -cela s'est produit lors d'une rencontre à l'occasion d'une fête donnée au château du duc de Bourgogne :

« Dont une foys, a ung tres honourable esbastement qui se faisoit a la court, apres ce qu'il l'eust gracieusement menee a la dance, il trouva achoison de parler a elle quant il vist son lieu. Et fist sa complaintte le plus humblement qu'i peult. » (fol. 110 r)

Le texte nous instruit aussi sur le fait que la châtelaine est la nièce du duc de Bourgogne, lequel l'a appelée à sa cour et lui a donné une châtellenie :

« Or avoit iceluy duc de Bourgoigne en aucunes parties une niepce jeulne, joieuse et tant belle dame que de la biaulté et bonté ne puis donner louange sufisans, laquelle il envoia querir pour estre en sa court. Et luy bailla ung tres exellant lieu pour tenir son estast, lequel estoit apellé 'le Vergier', et estoit joignant au palais du duc, pour quoy elle fust tourjours apellee depuis 'la chastelainne du Vergier'. » (fol. 109 r-109 v)

Nous savons donc de manière très précise d'où lui vient son titre, mais aussi le fait qu'elle est célibataire.

De plus, si le texte en vers exprime clairement ce qu'il faut garder secret, à savoir ses amours :

> « Et quant vient qu'aucuns s'i descuevre
> Tant qu'il sevent l'amor et l'uevre,
> Si l'espandent par le païs,
> Puis en font lor gas et lor ris.
> Si avient que cil joie en pert
> Qui le conseil a descouvert,
> Quar, tant com l'amor est plus grant,
> Sont plus mari li fin amant
> Quant li uns d'aus de l'autre croit
> Qu'il ai dit ce que celer doit ; » (vv. 5-14)[31]

ce n'est pas véritablement le cas dans celui en prose qui, notons-le, exprime d'une façon très générale le secret à garder. La fin du prologue est clairement explicite à ce sujet :

---

[31] *La Chastelaine de Vergi, op. cit.*, p. 2.

« Et la raison principalle pour quoy je conseille a chascun garder et celler son secrept contre tous, c'est pour ce que maintes personnes nobles et vaillans ont esté menees a povretté, a honte, et a mort pour avoir dit leurs secreps aux mauvais ypocrites desloyaux et decevans, dont a ce propos veuil racompter une ystoire de merveilleuse pitié. » fol. 108 r)

La fin de ce prologue nous montre également que la portée morale de l'*Istoire de la Chastelaine du Vergier et de Tristan le Chevalier* est beaucoup plus vaste qu'elle ne l'était dans *La Chastelaine de Vergi*.

De même, il y a, passant d'un texte à l'autre, un changement manifeste de la conception de l'amour. Il n'est, en effet, plus question de *fin amor* dans l'*Istoire de la Chastelaine du Vergier et de Tristan le Chevalier* qui préfère le terme de *loyalle amour*. L'absence d'amour courtois dans le remaniement du XVème siècle se justifie, selon René Stuip, du fait que

« (…) l'auteur de la prose n'a plus compris cette atmosphère courtoise ; l'emploi d'un terme comme *la court amoureuse* ne dit pas grand chose ; rien dans le texte ne montre que pour l'auteur ce terme a été davantage une étiquette. »[32]

L'absence d'amour courtois est aussi dûe au fait que cette notion n'est plus acceptable ou du moins compréhensible pour le lecteur du XVème siècle. Ainsi, comme le souligne à juste titre Cristina Almeida Ribeiro,

« Devenue incompréhensible, la conception de l'amour courtois s'efface dans cette version nouvelle de l'histoire de la châtelaine de Vergi : les raffinements qui marquaient et codifiaient autrefois les liens amoureux disparaissent ou, s'ils demeurent, sont inlassablement expliqués comme quelque chose de désuet, sinon d'insoutenable, qui aurait absolument besoin d'une justification. »[33]

On observe également que les vers de la chanson du Châtelain de Coucy :

> « Par Dieu, Amors, fort m'est a consirrer
> Du dous solaz et de la compaingnie
> Et des samblanz que m'i soloit moustrer
> Cele qui m'ert et compaingne et amie :

---

[32] H. R. Stuip, « L'*Histoire de la Chastelaine du Vergier* », *op. cit.*, p. 346.

[33] C. Almeida Ribeiro, « De *La Castelaine de Vergi* à la *Chastelaine du Vergier* : mise en prose et moralisation », *op. cit.*, p. 20.

> Et quant regart sa simple cortoisie
> Et les douz mos qu'a moi soloit parler,
> Comment me puet li cuers ou cors durer ?
> Quant il n'ent part, certes trop est mauvés. » (vv. 295-302)[34]

inserrés dans le texte du XIIIème siècle ont complètement disparu dans la version en prose. Tristan n'est plus présenté dans la version du XVème siècle comme le chevalier de *La Chastelaine de Vergi*, lequel se trouvant dans une situation identique à celle du châtelain de Coucy qui, du reste n'est même pas nommé. L'*Istoire de la Chastelaine du Vergier et de Tristan le Chevalier* se contente, tout au plus, de dévoiler la brève réflexion qui est celle de Tristan avant que ce dernier ne se décide à révéler au duc le nom de celle qu'il aime :

> « Sur ses parolles fust Tristan moult pensif, car il doubtoit moins la mort que descouvrir sa tres chere dame et maistresse. Et en oultre il regardoit que s'il partoit exillié du paÿs, il ne la verroit jamais et aroit perdu sans recouvrer la consolacion de ses loyalles amours. Si avoit en son cuer tant grande contradiccion et si divers regretz qu'il ne savoit qu'il devoit faire. » (fol. 118 v-119 r)

Le caractère de la duchesse est également différent : il est certes perfide dans les deux textes, mais transparait d'une manière bien plus perverse dans la version en prose. L'*Istoire de la Chastelaine du Vergier et de Tristan le Chevalier* brosse alors le portrait d'une duchesse extrêmement furieuse qui, lorsque Tristan repousse ses avances, n'hésite pas à le menacer avec force et puissance de le dénoncer calomnieusement auprès du duc ; chose qu'elle s'empresse, du reste, de faire très rapidement. Jonna Kjaer émet, au sujet du caractère de la duchesse, une hypothèse fort intéressante[35]. Elle considère, en effet, que la figure de la duchesse est suggérée dans le prologue à travers l'image du serpent :

> « Et les langues de telles gens sont comparees aux langues des serpens qui souvent tout se qu'elles touchent nasvrent a mort. Si seroit moult profitable sagesse de savoir celler (fol. 108 v) son secrept contre telles gens quy les pourroit congnoistre (…) »

---

[34] *La Chastelaine de Vergi*, op. cit., p. 10.

[35] J. Kjaer, « L'*Istoire de la Chastelaine du Vergier et de Tristan le Chevalier*. Essai d'interprétation », *op. cit.*, pp. 270-271.

Elle justifie cette hypothèse, qui paraît tout à fait probable, en soulignant qu'

« Il n'y a pas de doute que c'est la duchesse qui est mentionnée indirectement ici, car dans le récit, sa « douloureuse chanson » est appelée aussi « plaine de venin mortel », et d'abord la châtelaine, puis Tristan en sont effectivement « nasvrés a mort », conformément à l'expression citée du prologue. En plus, la référence implicite au serpent d'Eve, image de la sexualité féminine selon la conception médiévale, est élaborée par le prosateur pour caractériser la duchesse à travers le récit. Il développe aussi la symbolique de la séduction, liée traditionnellement à l'image du serpent. »[36]

Signalons, enfin l'aspect religieux de la fin de l'*Istoire de la Chastelaine du Vergier et de Tristan le Chevalier*, absent dans la version du XIIIème siècle, qui se clôt par « Amen » et « Pour celluy qui m'a escript Ave Maria soit doit ».

Les quelques éléments ici évoqués ne sont que les plus flagrants s'agissant des différences entre la version en vers et celle en prose. Mais bien d'autres peuvent encore être relevés, comme le fait que le duc n'accuse pas Tristan dans le texte en prose, ou bien encore celui relatif au vocabulaire employé dans cette même version. René Stuip précise, à ce sujet, que

« La réception du texte en prose est nettement influencée par certains mots forts que l'auteur emploie lorsqu'il nous parle de la scène de séduction : c'est une '*diabolicque temptacion*' qui prend la duchesse, et qui la pousse à vouloir '*faire folie*' avec Tristan '*ce bon chevalier*'. Une très brève mention du duc et de la duchesse mise à part, c'est la première fois qu'on nous parle d'elle : elle ainsi condamnée dès le début de l'histoire. Le vocabulaire employé ('*diabolicque temptacion*', '*faire folie*', '*ardaulment amoureuse*', '*ardeur*', '*eschauffoie*') montre que l'auteur condamne l'amour adultère. »[37]

L'*Istoire de la Chastelaine du Vergier et de Tristan le Chevalier*, bien qu'offrant une organisation séquentielle assez peu différente de celle de *La Chastelaine de Vergi*, sait se détacher de son modèle en proposant une adaptation ainsi qu'une version toute personnelle du célèbre poème du XIIIème siècle.

---

[36] *Idem*, p. 170.

[37] R. Stuip, « L'*Istoire de la Chastelaine du Vergier* », *op. cit.*, p. 346.

Le manuscrit

L'*Istoire de la Chastelaine du Vergier et de Tristan le Chevalier* nous a été conservée dans un unique manuscrit, le ms. Paris, BnF, nouv. acq. fr. 6639 qui, lorsque ce texte fut imprimé en 1888 à Florence faisait alors partie d'une collection privée.

Il s'agit d'un manuscrit sur papier qui comporte 143 feuillets. Il mesure 20 x 29 cm. On trouve aux folios 1r et 42r les armes de France et de Savoie. Il y a de fortes probabilités pour que ce manuscrit ait été exécuté en Italie, et plus précisément dans le Val d'Aoste. Les éléments avancés à ce sujet par Paul Meyer dans le compte rendu qu'il a publié de l'édition de 1888 dans la *Romania* en 1890 sont explicites :

« En divers endroits apparaissent les armes de la maison de Challant (Val d'Aoste), accouplées parfois à celles de la maison de La Chambre (Savoie). La vallée d'Aoste, comme la Savoie, a été, dès le XVème siècle, sinon plus tôt, attirée dans l'orbite littéraire de la France. L'idiome local n'y a jamais été écrit, et le français de Paris y est devenu la langue de la littérature d'abord et bientôt après de l'administration. On possède plusieurs mss. français écrits à Aoste. Par exemple, le ms. L. V. 13 de la Bibliothèque nationale de Turin contient une copie du *Livre du chevalier de la Tour Landry pour l'enseignement de ses filles*, exécutée pour Saint Vincent, près Chatillon, entre Aoste et Ivrée, en 1472, et récemment on signalait un missel à l'usage du prieuré de Saint-Ours, d'Aoste, exécuté avec luxe pour « messire George de Challant ... archidiacre et chanoine d'Aoste », en 1499. L'explicit, mentionnant les circonstances dans lesquelles ce missel a été fait, est en français. »[38]

Ce manuscrit étant en papier, il comporte un filigrane. Ce dernier représente deux marteaux croisés, surmontés d'une couronne, et ressemble à Briquet n° 11638 (Piémont ca 1488-1497)[39].

Il renferme les textes suivants :
- *Le Livre du Conseil des Princes Melibée* en prose, fol. 1 r-36 v.
- *Le Dit des oyseaulx*, fol. 36 v-41 v.

---

[38] P. Meyer, « Compte rendu de *Novelle e poesie francesi inedite o rarissimo del secolo XIV*, Firenze, stabilimento Giuseppe Civelli, 1888 », *Romania*, 19, 1890, pp. 340-344.

[39] Ch.M. Briquet, *Les Filigranes*, Genève, Jullien, 1907, III.

- *Ponthus de Galice* en prose, *fol. 42 r-106 v.*
- *Istoire de la Chastelaine du Vergier et de Tristan le Chevalier*, fol. 108 r-131 v.
- *Le Debat des deux seurs*, fol. 131 r-143 v.

Les éditions de l'*Istoire de la Chastelaine du Vergier et de Tristan le Chevalier*.

L'Istoire de la Chastelaine du Vergier et de Tristan le Chevalier a, à ce jour, été publiée à cinq reprises.

La première édition est parue en 1888, dans un volume de 63 pages, parmi d'autres textes, intitulé *Novella e poesie francesi inedite o rarissime del secolo XIV* (Firenze, stabilimento Giuseppe Civelli, pp. 1-41)[40]. Ce livre, qui ne se trouve pas à la Bibliothèque nationale de France[41], est une édition rare, certainement destinée

---

[40] Le titre de ce volume est cité avec une erreur par Paul Meyer dans son compte rendu, dans lequel il emploie le pluriel « Novelle » à la place du singulier « Novella ». Ce même titre erroné a été repris par R. Bossuat, *Manuel bibliographique de la Littérature française du Moyen Age*, Melun, D'Argences, 1951, p. 401 ; J. Frappier, *Etudes d'histoire et de critique littéraire*, Paris, Champion, 1976, p. 420 et A.M. Babbi, *La Chastelaine du Vergier. Novella in prosa francese del sec. XIV, op. cit.*, p. 16, comme l'a signalé Antonella Negri, « A proposito de *La Chastelaine du Vergier* », *Francofonia*, XXII, 1992, pp. 143-157, (note 1, p. 143). Nous constatons, pour notre part, que cette erreur est reprise par R. Stuip, « L'*Istoire de la Chastelaine du Vergier, op. cit.*, p. 338 ; J. Kjaer, « L'*Istoire de la Chastelaine du Vergier et de Tristan Le Chevalier* (XVème siècle). Essai d'interprétation », *op. cit.*, p. 260 et B.J. Gauthier, *La Chastelaine du Vergier. A Critical Edition, op. cit.*, p. 11.

[41] Nous avons pu localiser quelques exemplaires de ce volume. Aux Etats-Unis : Duke University Library, Durham, NC (cote : 840.8 N937, 1888) ; Harvard University Library, Houghton Library, Cambridge, MA (cote : 38512.8 F*) ; Newberry Library, Chicago, IL (cote: Wing folio ZP 835.C582); University of Pennsylvania Libraries, Philadelphia, PA (nous n'avons malheureusement pas réussi à obtenir la cote de cet ouvrage). En Allemagne : Universitätsbibliothek Frankfurt / St UB (cote : PL 1936 / 1). En Suisse : Bibliothèque Cantonale et Universitaire de Fribourg (cote : EM 399). En Italie : Biblioteca Nazionale Centrale di Firenze (nous n'avons pas trouvé la cote de cet exemplaire, mais A.M. Babbi, *La Chastelaine du Vergier. Novella in prosa francese del sec. XIV, op. cit.*, note 20, p. 16, précise que c'est celui de cette bibliothèque qu'elle a consulté).

aux bibliophiles, qui a été tirée à cinquante exemplaires[42]. Nous en disposons tout de même d'une description grâce à Paul Meyer :

« Ce livre est un de ces ouvrages somptueux dont les bibliophiles se plaisent à publier en des occasion solennelles, et où l'on s'efforce de réunir toutes les élégances de l'art typographique. La forme s'impose tout d'abord à l'attention. Disons donc que le papier imite à s'y méprendre le vélin, que l'impression est très soignée, que le tirage est d'une parfaite uniformité, que les encadrements en couleur (la couleur varie, mais le dessin ne change pas) sont du meilleur goût. Le titre seul, cette pierre d'achoppement des plus habiles typographes, offre un mélange de caractères qui ne me satisfait pas. Dans l'ensemble, cette publication est un véritable joyau typographique, digne d'être offert à la reine d'Italie, à qui elle a été dédiée. L'éditeur ne s'est pas fait connaître, mais nous croyons pouvoir révéler sans indiscrétion qu'il n'est point autre que le savant et obligeant directeur des archives du Piémont, M. le baron de Saint-Pierre à qui sont dues tant de publications relatives à l'histoire du Piémont et de la maison de Savoie. Les « nouvelles poésies » éditées dans ce riche volume sont tirées d'un ms. appartenant à une collection privée, qui a dû être écrit dans le Val d'Aoste. [...] Trois [...] morceaux sont publiés ici : la *Chastelaine du Vergier*, le *dit des Oyseaulx* et le *Conseil des Oyseaulx*. »[43].

La seconde édition de notre texte est dûe à J. Brocherel. Ce dernier l'a publié, sous le titre « Une chanson de geste du XIIIème siècle transcrite en prose par un Valdôtain du XVème siècle », dans le numéro 1 de l'année 1927 du périodique *Agusta Praetoria. Revue de Pensée et d'Action Régionalistes* (pp. 1-17). Notre texte est précédé d'une introduction assez générale, qui présente de façon relativement sommaire le manuscrit. L'éditeur y propose, en outre, un relevé de « quelques-unes [des] dissemblances » (p. 3) entre la version en prose du XVème siècle et celle en vers du XIIIème siècle. Il ne donne aucune étude de la langue du texte, si ce n'est, sans réelles justifications, les quelques remarques suivantes :

« En lisant ces morceaux, l'on remarque une particularité qui est constante dans leur transcription, et c'est que la forme syntaxique,

---

[42] Notons qu'à la date du 30 novembre 2008, nous avons trouvé deux exemplaires de ce livre à vendre chez des libraires italiens de livres rares et anciens à 420 euros pour le premier et 550 euros pour le second.

[43] P. Meyer, « Compte rendu de *Novelle e poesie francesi inedite o rarissimo del secolo XIV*, Firenze, stabilimento Giuseppe Civelli, 1888 », *op. cit.*, pp. 340-341.

certaines locutions et certains mots ont été empruntés au patois parlé du lieu, au dialecte valdôtain. Sans nous arrêter à éplucher les textes de leurs idiotismes, qui donnent une plaisante couleur locale à la narration, citons de mémoire quelques termes dialectaux, sur l'authenticité desquels aucun doute ne peut surgir : *magnière* pour manière ; *abre* p. arbre ; *mussa* p. cacher ; *ores*, *ares* p. maintenant ; *tremeur* p. agitation ; *sara* p. saura ; *miroer* p. miroir ; *rober* p. voler ; *rens* p. rend ; *aras* p. auras ; *poure* p. pauvre ; *adont* p. alors ; et ainsi de suite. Ces termes et ces manières de dire sont évidemment l'œuvre du copiste, qui les a transcrits instinctivement, sous l'influence phonétique de la prononciation de son parler habituel. » (p. 2). Il ne propose aucune réelle datation ni du manuscrit ni du texte qui le renferme, se contentant de donner la précision « XVème siècle », sans justification. L'édition en elle-même laisse à désirer sur plusieurs points. En effet, l'éditeur n'a pas coupé tous les mots (nous lisons « dun acteur » pour « d'un acteur »), n'a pas toujours distingué u/v (nous trouvons « deceuans » pour « decevans ») ni i/j (nous rencontrons « esoir » pour « esjoir »). Nous notons également l'absence d'accentuation, de notes et d'un véritable glossaire, même si la définition de quelques mots est donnée en note de bas de page.

La troisème édition a été établie par Barbara J. Gauthier dans le cadre d'une thèse américaine, soutenue à la Vanderbilt University en 1985, sous le titre *La Chastelaine du Vergier : A Critical Edition*. L'auteur propose une introduction relativement solide, mais l'édition en elle-même laisse malheureusement à désirer. En effet, le texte n'est pour ainsi dire pas corrigé alors que cela est véritablement nécessaire à certains endroits. Les notes sont quasi absentes et le glossaire fort succinct.

La quatrième édition a été réalisée par R. Stuip, en 1985, dans son volume, aujourd'hui épuisé, intitulé *La Châtelaine de Vergy* (Paris, UGE, Coll. Bibliothèque médiévale, 10/18, n° 1699, pp. 71-117). Dans ce dernier, il édite, à côté de notre texte, sa version en vers du XIIIème siècle et deux autres versions du XVIème siècle. Cet ouvrage, bien que destiné au grand public, respecte les conventions de l'édition d'un texte médiéval. Notre texte est précédé d'une introduction dans laquelle l'éditeur présente le texte et les différences avec la version en vers du XIIIème siècle. Il complète son éditon par une section de notes et un glossaire.

Enfin, la cinquième et dernière édition de ce texte a été donnée par Anna Maria Babbi sous le titre *Chastelaine du Vergier. Novella in prosa francese del sec. XIV*. Cette édition est complétée par une pénétrante introduction ainsi qu'un glossaire très étendu, mais elle ne comporte aucune note textuelle.

Ces précédentes éditions étant soit épuisées, soit lacunaires ou bien même peu satisfaisantes dans certains cas, une nouvelle édition critique de l'*Istoire de la Chastelaine du Vergier et de Tristan le Chevalier* paraissait être à la fois utile et nécessaire.

Remarques sur la langue.

La langue de notre manuscrit est typique de la fin du Moyen Age. Un examen approfondi en a été donné par Barbara J. Gauthier dans sa thèse[44]. Aussi, nous contenterons-nous de n'en relever ici que quelques points essentiels.

1-*Graphie*

a-Voyelles

-absence de l'alternance ai/e
-absence de l'alternance aige/age
-absence de l'alternance ie/e
-absence de l'alternance ou/o

-Hiatus résolus[45] :
mesme (fol. 112 r)

-amuïssement d'un « e » prétonique interne :
beneurté (fol. 111 r)

-utilisation indifférenciée de i/y :
qui (fol. 107 v / quy (fol. 108 v)
loyaulx (fol. 126 v) : loiaulx (fol. 108 r)

-Le passage de –our à –eur ne s'est pas encore fait dans tous les cas[46] :
paour (fol. 109 r)

---

[44] B. J. Gauthier, *La Chastelaine du Vergier. A Critical Edition*, op. cit., pp. 13-46.

[45] Ch. Marchello-Nizia, *Histoire de la langue française aux XIVème et XVème siècles*, Paris, Dunot, 1992, pp. 52 et suiv.

[46] Th. Gossen, *Grammaire de l'ancien picard*, Paris, Klincksieck, 1970, pp. 80-81.

acteur (fol. 108 v)
seigneur (fol. 110 v)

b-Consonnes

- Confusion entre –és et –ez lorsque la finale est accentuée (réduction picarde –ez à –és)[47] :
pouez (fol. 114 v) / poués (fol. 115 r)

-Le son [s] est noté de plusieurs façons différentes. On trouve les formes –c, -sc ou bien –ss :
decevant (fol. 108 r) ; impocible (fol. 112 v)
desceller (fol. 108 r)
angoisse (fol. 110 r)

-Présence du « s » implosif :
fust (fol. 109 r)

-Il existe plusieurs graphies pour le son [ñ], qui sont –ngn et –gn :
congnoistre (fol. 108 v) ; soustiengne (fol. 126 v)
magniere (fol. 108 v) ; Bourgoigne (fol. 108 v)

-Nous relevons des variations de graphie d'un même mot :
Ystoire (fol. 108 v) / Istoire (fol. 131 v)
Loyal (fol. 111 v) : loialles (fol. 113 v)

-Présence de quelques graphies caractéristiques du moyen français[48] :

a-Graphies latinisantes :
-avec insertion de la consonne « b » :
soubz (fol. 108 v)
redoubté (fol. 110 v)
debvoir (fol. 116 r)

---

[47] *Idem*, p. 94.

[48] Ch. Marchello-Nizia, *Histoire de la langue française des XIVème et XVème siècles*, Paris, Dunod, 1992, p. 92.

-avec l'insertion de la consonne « c » :
parfaictement (fol. 111 v)
diabolicque (fol. 114 r)
dictes (fol. 116 v)

-avec l'insertion de la consonne « l » :
faulcer (fol. 112 v)
gracieulx (fol. 114 v)

-avec l'insertion de la consonne « p » :
escripre (fol. 111 r)
secrept (fol. 112 r)

b-Présence de beaucoup de mots comportant des « y » :
foy (fol. 108 r)
quy (fol. 108 v)
ypocrites (fol. 108 v)
ystoire (fol. 108 v)
loyal (fol. 112 v)
amy (fol. 112 v)
vray (fol. 117 r)

c-Présence de « l » conservé après « u » provenant de la vocalisation du « l » :
eulx (fol. 108 r)

d-Introduction de la désinence –z qui enlève l'ambiguïté de nombre du « il » masculin :
« Ilz commencerent a parler » (fol. 120 v)

2-Morphologie

a-Articles

-Présence d'enclises dans le texte[49] :

---

[49] Ph. Ménard, *Syntaxe de l'ancien français*, Bordeaux, Editions Bière, 1988, § 323, remarque, p. 283 et R. Martin et M. Wilmet, *Syntaxe du moyen français*, Bordeaux, SOBODI, 1980, § 198, p. 11.

es (en + les) : « *es* tres haux pointtes » (fol. 110 v)

b-Démonstratifs

c-Possessifs

-Possessifs de l'unité :
mes, c. s. masc. plur. 1ère pers. : « j'ay cellé *mes* angoisses » (fol. Fol. 111 r)
ses, c. s. masc. plur. 3ème pers. : « Si le commenssa Amours a lancer et versser de *ses* dars » (fol. 109 v)
mon, c. r. sing. 1ère pers. : « j'ay esté nourry tout *mon* vivant » (fol. 110 r)
ton, c. r. sing. 2ème pers. : « tu as usé de *ton* office » (fol. 127 r)
son, c. r. sing. 3ème pers. : « se j'eusse voullu acomplir *son* desir » (fol. 130 r)
ta, c. r. fém. sing. 2ème pers. : « tu le tiens en *ta* prison » (fol. 108 v)
sa, c. r. fém. sing. 3ème pers. : « il ne luy osoit descouvrir *sa* pencee » (fol. 110 r)
ses, c. r. fém. 3ème pers. : « si gracieulx en *ses* affaires » (fol. 109 r)

-Possessifs de la pluralité :
vostre, c. r. masc. sing. : « je vous fais promesse comme loyal chevalier de vous aymer, honorer et servir et obeir, gardant *vostre* honneur en toutes choses » (fol. 112 v)
nostre, c. r. fém. sing. : « mais tantost que vouldrés descouvrir *nostre* joieuse aliance » (fol. 113 r)

d- Pronoms personnels

il, 3ème pers. sing. : « *Il* trouva faulceté en amours » (fol. 109 r)
ilz, 3ème pers. plur. : « *Ilz* ne penssoient avoir esté ensemble que une heure » (fol. 121 r)

-Alternance de la désinence –e et –es à la deuxième personne du sing. de l'impératif :
saches (fol. 115 v) ; vuide (fol. 115 v)

-Présence de la désinence –és à la deuxième pers. du plur. du futur :
verrés (fol. 113 v)

-Présence de la désinence –ons à la première personne du plur. de l'indicatif présent[50] :
regardons (fol. 113 v)

-Absence des désinences de la troisième pers. plur. du passé simple en –istrent qui sont pourtant encore utilisées en moyen français[51].

-Absence des anciennes formes du passé simple –orent[52].

3-Syntaxe

-Le relatif composé « lequel » semble concurrencer « qui » :
« Ung puissant duc de Bourgoigne fust, *lequel* avoit en sa court plusieurs nobles princes » (fol. 108 v)

-On peut trouver un exemple pour lequel il faut transposer la forme « qui » par « qu'i », équivalent à « qu'il » :
« si continuellement *qu'i* ne pouoist prendre de jour ne de nuis reppos » (fol. 110 r)

---

[50] Ch. Marchello-Nizia, *Histoire de la langue française des XIVème et XVème siècles*, op. cit., p. 203.

[51] P. Fouché, *Le verbe français, étude morphologique*, Paris, Klincksieck, (1967), 1981, p. 290.

[52] *Idem*, p. 136.

-La conjonction « et » est beaucoup utilisée dans le texte et allonge, en général, de manière considérable les phrases dans lesquelles elle se trouve :

> « Aucunes gens sont quy tant s'apellent loiaulx *et* secreps et monstrent samblant de donner bon conseil quy, par celles raisons *et* pour leur bel parolles tres decevant, les gens se fient en eulx, si que par droitte foy, amour *et* charité, les gens s'i fient » (fol. 108 r)

-Dans d'autres cas, la conjonction « et » est utilisée pour commencer les phrases :

> « *Et* ceulx les destruisent de leur intencion, par ce que ceulx quy le veullent savoir promettent de les celler, et eulx, par leur courage trahistre et failly, tantost qu'ilz ont la pocession, s'efforcent de les descouvrir et desceller, a la grant blasme, comfusion et honte de ceulx quy feablement s'i fient et leur ont ouvert et desclos leur pensees » (fol. 108 r)

> « *Et* les langues de telles gens sont comparees aux langues des serpens qui souvent tout se qu'elles touchent nasvrent a mort » (fol. 108 r)

Principes d'édition.

Nous avons édité l'*Istoire de la Chastelaine du Vergier et de Tristan le Chevalier* en suivant scrupuleusement l'unique manuscrit qui l'a conservée. Nous avons corrigé le texte par conjecture, faute de témoins supplémentaires, chaque fois qu'il était corrompu. Les corrections apparaissent dans le corps du texte entre crochets [ ] et les leçons rejetées figurent en note de bas de page. De plus, un astérisque * signale la présence d'une note textuelle.

Nous avons résolu les abréviations –peu nombreuses– lorsqu'il était nécessaire de le faire, et les avons transcrites selon les occurrences présentes dans le texte. Nous avons également systématiquement distingué i/j et u/v. Nous sommes responsables de la ponctuation[53].

---

[53] Nous avons suivi les conventions d'éditions établies par Mario Roques ainsi que celles élaborées par Alfred Foulet et Mary B. Spear : M. Roques, « Règles pour l'édition des anciens textes français et provençaux », *Bibliothèque de l'Ecole des Chartes*, 87, 1926, pp. 453-459 – Rééd. : *Romania*, 52, 1926, pp. 243-249. Nous avons également consulté P. Meyer, « Instruction pour la publication des anciens textes », *Bulletin de la Société des Anciens Textes Français*, 35, 1909, pp. 64-79 – Rééd. : *Bibliothèque de l'Ecole des Chartes*, 71, 1910, pp. 224-233 ; J. Acher, « De l'emploi du tréma », *Revue des Langues Romanes*, 56, 1913, pp. 458-465 et *Conseils pour l'édition des textes médiévaux*, Fascicules I, II et III, Paris, Comité des Travaux Historiques et Scientifiques-Ecole Nationale des Chartes, 2002 et A. Foulet et M. B. Spear, *On editing Old French Texts*, Lawrence, Regents, 1979.

**Istoire de la Chastelaine du Vergier
et de Tristan le Chevalier**

(fol. 108 r) La Chastelaine du Vergier.*

Aucunes gens sont quy tant s'apellent loiaulx et secreps et monstrent samblant de donner bon conseil quy, par celles raisons et pour leur bel parolles tres decevant, les gens se fient en eulx, si que par droitte foy, amour et charité, les gens s'i fient. Et ceulx les destruisent de leur intencion, par ce que ceulx quy le veullent savoir promettent de les celler, et eulx, par leur courage trahistre et failly, tantost qu'ilz ont la pocession, s'efforcent de les descouvrir et desceller, a la grant blasme, comfusion et honte de ceulx quy feablement s'i fient et leur ont ouvert et desclos leur pensees. Et les langues de telles gens sont comparees aux langues des serpens qui souvent tout se qu'elles touchent nasvrent a mort. Si seroit moult profitable sagesse de savoir celler (fol. 108 v) son secrept contre telles gens quy les pourroit congnoistre ; dont pour les grans perilz quy s'en peullent enssuivir et que faulceté n'est pas apperceue par tout ou elle habite, mais se cache souvent soubz la couverture de Biau Samblant, bon seroit de croire le conseil d'ung acteur quy dist en ceste magniere : « Tant que ton secrept as en ton cuer sans l'avoir descouvert, tu le tiens en ta prison, mais si tost que tu l'as desclos a aultre, il le tient en la scienne. » Et la raison principalle pour quoy je conseille a chascun garder et celler son secrept contre tous, c'est pour ce que mainttes personnes nobles et vaillans ont esté menees a povretté, a honte, et a mort pour avoir dit leurs secreps aux mauvais ypocrites desloyaux et decevans, dont a ce propos veuil racompter une ystoire de merveilleuse pitié.

Ung puissant duc de Bourgoigne fust, lequel avoit en sa court plusieurs nobles princes, contes, barons, chevaliers, et escuiers. Et entre les aultres ung nommé Tristan,* son premier chevalier quy tant estoit noble, vaillant et plain (fol. 109 r) de toute biaulté que riens ne luy failloit quy se appartenist a noblesse. Et mesmes estoit tant bel de personne que c'estoit merveilles, et de si bel service et si gracieulx en ses affaires que tous ceulx de la court quy tandoient a honneur prenoient exemple a luy, et a ses euvres, par quoy il estoit moult cherement amé du duc et de la duchesse. Et si le prisoient et amoient merveilleusement tous les nobles de la court, ensemble les dames et les damoiselles. Mais combien quy fust jeulne, amoureux et parfaittement joieulx de cuer, il n'avoit mis son voulloir a amer quelque dame pour la grant paour et doubte qu'il avoit de trouver desloyaulté en amours, car il se sentoit tant acomply en la vertu de loyaulté, que s'il se donnast a la vertu de amer loyaulment et il trouvast faulceté en amours, samblant luy estoit que jamais n'aroit racine de liesse en son cuer.

  Or avoit iceluy duc de Bourgoigne en aucunes parties une niepce jeulne, joieuse et tant belle dame que de la biaulté et bonté ne puis donner louange sufisans, (fol. 109 v) laquelle il envoia querir pour estre en sa court. Et luy bailla ung tres exellant lieu pour tenir son estast, lequel estoit apellé « le Vergier », et estoit joignant au palais du duc, pour quoy elle fust tourjours apellee depuis « la chastelainne du Vergier ».* Laquelle pour sa biauté et bonté fust tant amee et honoree du duc, de la duchesse et de tous les nobles que a toutes les solempnittés, festes[54] et esbastemens qu'on faisoit a la court, la chastelaine estoit tourjours premiere appellee. Laquelle tant bien se savoit porter en toutes honnestes et joieuses comppaignies, que sur tout elle emportoit la louenge, le pris et la fleur, combien qu'elle fust encores moult tendre et jeulne.

  Si fust ainssi que Tristan, le gracieux et vaillant chevalier quy c'estoit longuement gardé d'amer par amours, pour doubte des baratz que plusieurs tiennent en l'amoureuse vie, ne sceult metre remede en son fait qu'y ne fust pris et enlaxer estroictement en l'amour de la gentille chastelayne du Vergier. Si le commenssa Amours a lancer et versser de ses dars amoureulx si angoiseusement (fol. 110 r) et si continuellement qu'i ne pouoist prendre de jour ne de nuit reppos, mais pour paour d'estre refusé, et aussi qu'elle estoit de si hault lieu, il ne luy osoit descouvrir sa pencee. Si se meurdrissoit le cuer et se cruxiffioit a part soy en plainttes, soupirs, regretz et lamentacions, par quoy tant fust afoibly et traveillé qu'i ne peult plus souffrir le martire, mais se destermina qu'y prendroit en luy vertu et courage de raconter a celle qu'il amoit tant les angoisses [et][55] travaulx* qu'y soustenoit pour l'amour d'elle.

---

[54] f. *festes* e.

[55] a. *et* t. manque.

Dont une foys, a ung tres honourable esbastement qui se faisoit a la court, apres ce qu'il [l'][56]eust gracieusement menee a la dance, il trouva achoison de parler a elle quant il vist son lieu. Et fist sa complaintte le plus humblement qu'i peult en ceste magniere :

- « Tres haulte et tres honoree dame et ma tres exellant et redoubtee maistresse, je supplie a la largesse de vostre debonnairetté [et][57] pitié amoureuse qu'il soit de vostre plaisir de ouïr ma piteuse requeste. Noble dame, verité est que, nonostant ma jeulnesse et l'abondance de joye ou j'ay esté nourry tout mon vivant (fol. 110 v) en ceste noble court au service de mon tres redoubté seigneur, monseigneur vostre oncle, je me suis continuelment gardé, selon tout mon pouoir, de mon cuer. Je suis tout certain que se je trouvoye desloiaulté en amours, que par moy ne seroit joye recouvee. Et pour ce j'ay tourjours esté maistre de mon cuer, jusques a nagueres que la volenté de Dieu vous a amenee en ceste court, pour mon tres heureux advencement ou pour ma piteuse destruccion, car tres haulte[58] et tres honoree dame*, depuis que j'eux choisi vostre riche et honoree biaulté tres exellant, ensamble vostre doubz parler et grant maintien et que vous estes le meilleur tresor et complaisement de toute richesse quy peult estre desiree et aquise en la Court Amoureuse,* Amour n'a plus voullu laissier mon cuer en ma pocession, mais l'a [chassé][59] tant qu'i l'a pris et ravy es tres haulx pointtes de ses dars et l'a mis du tout en vostre singulliere obeissance, moy constraignant et obligent a vivre mon temps en vostre service. Et moy feru, et nasvré irevocablement de vostre biaulté non compareille, ay depuis vostre gracieux advenement souffert et porté, (fol. 111 r) souffre et porte tel et si rigoureux martire que bouche humaine ne [le][60] pourroit raconter ne main escripre. Mais pour consideracion de vostre biaulté, haulte noblesse et seignorie, et pour timeur d'estre esconduit de vostre amour, j'ay cellé mes angoisses destreceuses sans les vous descouvrir et sans oser

---

[56] l. *l'*e. manque.

[57] d. *et* p. manque.

[58] h. et tres haulte e.

[59] l'a. *laissé* t. corr.

[60] n. *la* p. corr.

requerre le don de vostre amoureuse pitié. Mais le feu de vostre amour a tant enbrasé mon cuer qu'i me convient morir martireusement se vostre grace ne m'est misericordieuse en pitié. Et j'ai concideré, puis que Dieu et Nature vous ont donné telle perfeccion de tous biens, que telle fontaine de largesse ne peult estre sans habondance de loyaulté, pitié et charité, pour quoy j'ai pris en moy hardiesse de vous requerir le souverain bien de sa misericorde. Si que par mort ou par vie puisse avoir fin de mes inumerables travaulx, car s'il plaist a Amour vous mouvoir a pitié, et que me recepvés a mercy, ma fortune sera plus grande et noble en toute beneurté que toutes les aultres graces qui peullent estre au monde aquises. Et se vostre amour me refusés, (fol. 111 v) je mourray de la plus martireuse mort c'onques soufrist loyal amoureux, et ainssi aray la fin de mes douloureuses destresses. Pour quoy, haulte dame, en tant que vous tenés ma mort ou ma vie du tout a vostre ordonnance, je vous supplie que pour charitable comppassion me recepvés pour vostre loyal serviteur, en moy octroiant le don de vostre amiable mercy, sans souffrir que pour vous bien voulloir je perisse a telle confusion. »

    Doulces parolles et piteuses complaintes fist Tristan le bon chevalier a la vaillant dame, en plourant moult amerement et getant soupirs tres parfons quy luy enterrompoient sa voix et ses parolles, en telles magniere que la dame peult bien apercevoir qu'il estoit pris en l'amour d'elle sans rappel. Et elle par avent, pour ce qu'il estoit le plus gracieulx et vaillant de tous aultres, avoit parfaictement mis son cuer en luy, et pour nul aultre ne le changast, combien que elle onques n'en avoit fait chere ne samblant, car elle amoit honneur sur toutes riens. Pour quoy, quant elle eust entandue sa piteuse (fol. 112 r) et amoureuse requeste, et congnu les grans angoisses qu'il souffroit pour loyaulment servir et amer, elle fust moult de legier meue a pitié, et luy donna responce doucement et en grant cremeur par telles parolles :
- « Tristan, tres noble chevalier, j'ay entandu vos tres amoureuses complainttes, si ay bien par avent veu aucuns signes et magnieres, lesquelles conciderees je croy certainement estre vray tout se que m'avés dit de vous mesmes. Mon cuer ne fust onques octroyé, ne mes amours, a home qui les decelast ; tantost que sa desloyaulté vendroit a ma congnoissance, j'en prendroye la mort pour annoy et amere doulleur. Et se je vous congnoissoie vraiement estre loyal et secret pour entierement et deligenment garder tel

tresor que c'est de loiaulx amours, je me veuil bien de tant fier en vous de vous dire qu'i n'est home pour quy je vous changasse. »

- « O, dist Tristan, ma tres honoree dame et maistresse, je vous mercy de vostre gracieussse responce, pour laquelle je puis avoir grant esperance en vostre misericordieuse grace. Tres noble dame, vous plaise a savoir (fol. 112 v) qu'y n'est riens plus impocible que mon cuer estre separé de vostre amour. Et au regard de ma loyaulté, s'il vous plaist vous tant humilier a moy octroier ce riche don de pitié et moy pour vostre humble servant recevoir et retenir, je vous fais promesse comme loyal chevalier de vous aymer, honorer et servir et obeir, gardant vostre honneur en toutes choses, et de nos amours maintenir et celler si loyaulment et entierement que pour perdre ma vie, [elles][61] ne seroient descouvertes de ma part. »

Adonques respondit la chastelaine :

- « Tres noble chevalier et mon loial amy, il me sufit vostre bon voulloir, et espere en vous tant de franchise, loyaulté et bonté que pour riens ne vouldroye faire trahison ne faulcer ma promesse. Et pour ce suis je contente, et desire que puissons ensamble mener tres joieuse vie et amoureuse, sauf en toutes choses l'onneur de moy et de vous. Et vous octroyer mon cuer et m'amour sur telle condicion, que tant que la voudrés celler, soyés certain d'avoir les plus loyalles amours qui soient (fol. 113 r) soubz le ciel, mais tantost que vouldrés descouvrir nostre joieuse aliance, sachés certainement que j'en prendroye la mort par habondance de desolacion et de desconffort. Et aussi arés perdu vostre amour et moy la vie. »

- « Aa, tres exelante et parfaite dame et amye, dist Tristan, je reçoys humblement et en grant reverance le riche don de vos loyalles amours, vous [regraciant][62] de tout mon singullier pouoir, car en ceste heure me donnés ma vie et ung tresor que ne voudroye perdre pour avoir gaigné cent mil mondes. Si vous promet de tant loyalment amer et bien celler que mieulx vouldroye voir la separacion de mon corps et de mon ame, que de pencer vers vous desloyaulté, mais feray tout mon vivant selon mon povre pouoir tout se que je saray qui vous pourra esjoïr et plaire. »

---

[61] v., *elles* n. manque.

[62] v. *regracient* d. corr.

A ces parolles s'entracolerent et baiserent moult doucement. Et en signe de loyalles amours donnerent la foy l'un a l'autre, puis parla le chevalier par ceste magniere :

- « Ma seulle dame et ma maistresse tres honoree, (fol. 113 v) mon bien, m'amour et mon esperance, ma vie et ma joye, et l'acomplicement de tous mes desirs, puis que par loialles amours et humble debonnairetté voullons que de nous deux soit ung cuer, une voullenté et ung desir, je vous prie que nous regardons par quelle magniere pourray congnoistre quant il sera temps et heure que je voise devers vous pour vous trouver seulle, affin que honorablement, joieusement et a repos puissons parler ensamble du consolable plaisir de nos amours, si que nul ne puisse apercevoir nostre amoureuse vie. »

- « Mon bel amy, gracieux et plaisant, dit elle, vous conseillés bien. Si vous respons a celuy propos que j'ay ung petit chiennet quy porte un petit [collier][63] de clochettes, lequel chiennet je introduiray. Et pour ce que le lieu deu vergier que monseigneur mon oncle m'a donné joint au palais, vous pourrés souvent voir et regarder en celuy jour que vous verrés le mien petit chien faire le tour environ de mon jardin, vous pourrés venir seurement devers moy (fol. 114 r) sans doubter chose quy soit. »

- « Madame, dit Tristan, vous avés trouvé la plus gracieuse magniere qui peult estre, si vous prie humblement qu'i soit fait en ceste guise. »

A ses parolles s'entredonnerent ung amoureux regard et puis par ung gracieux congié se departirent l'un de l'autre, affin que aucung ne s'aperceult de leur conclusion. Et quant la feste fust faillie, le noble duc fist remener la chastelayne moult honorablement come il avoit acoustumé. Laquelle fist diligence d'endotriner son petit chien en telle magniere que Tristan le bon chevalier le vist venir par mainteffois faire le tour, comme dit estoit. Et par celuy signe alla souvent vers la gracieuse dame d'amours. Et menerent ensamble en aucun temps en ce point une tres honneste vie, et ne fust onques sceu que entre leurs amours eust chose quy fust contre Dieu et conscience.

---

[63] p. *clochier* d. corr.

Entre celles choses advint que, par diabolicque temptacion, la duchesse devint moult ardaulment amoureuse de Tristan, celuy bon chevalier, et desira sur toutes riens avec luy faire folie, pour quoy elle luy fist plusieurs (fol. 114 v) atraiemens, tant par bel samblant que par amoureuses parolles, et pour luy donner aucung gracieulx don. Pour lesquelles choses il se meult, car il estoit chevalier loyal et amoit l'amour et l'honneur* du duc son droitturier seigneur tres entierement. Et quant la duchesse vist que pour chose qu'elle fist, ne pour bel samblant qu'elle luy monstrat, il ne la prioist d'amours, elle en fust moult courouceee. Dont pour l'ardeur de la temptacion qui l'eschauffoit de plus en plus, elle prist hardiesse et courage de parler a luy en ceste manière :

- « Tristan, dit la duchesse, je me donne bien grant merveille de vostre fait. Vous estes le plus bel, le plus vaillant et le plus gracieulx quy soit en nostre court, et si n'est aucung qui se peult appercevoir de nostre amour. Comment pouez vous trouver ne aymer si secreptement que nul ne s'en peult prendre garde ? »

- « Certes, ma tres redoubtee dame, dist Tristan, je ayme chascung, et si me samble, la mercy a chascung, que je suis aymé de tous. »

- « Or n'est pas reponce qui sufise, dit (fol. 115 r) la duchesse, car estre ne peult que vous soyés sans dame par amours que vous amés sur toutes aultres, et quy sur tous aultres vous ayme. »

- « Certes, dame duchesse, dit il, j'ayme chascung en general, et si say bien que de dame quy vive ne suis aymé en especial. »

- « Tristan, dit la duchesse, vous ne debvés pas afermer que de dame quy vive ne soyés aymé, car vous ne le poués savoir. »

- « Sauf vostre honneur, dit il, madame, car je n'ay pas deservy ne requeru ne pourchassé d'estre aymé especialment d'aucune dame. Et pour ce je sçay bien que je ne le suis pas. »

- « Vous dites chose moult merveilleuse, dit la duchesse, et[64] savés vous se je vous ayme de tout mon cuer, et se j'ay desir que vous soyés mon seul et loyal amoureulx ? »

- « Dame, dit Tristan, je sçay bien que non, car je ne voy aucune chose ne raison pour quoy vous me doyés amer en telle magniere. Et aussi j'ayme bien monseigneur le duc de si loyalle

---

[64] e. *que* s.

amour que je ne vouldroye, pour chose quy fust, amer ne pencer en lieu dont il fust, ne qu'i peult par mon fait avoir deshonneur. »

(fol. 115 v) De celle responsce fust la duchesse moult confuse et merveilleuse, et eust grant vergoigne ; et pour la couvrir, et sa grant honte,* elle fust plaine d'ire et de male voullenté, et dist à Tristan ses parolles :

- « O, dit elle, faulx trahistre desloyal ! Il sembleroit selon ton parler que je te priasse d'amour, au deshonneur de monseigneur. Vuide tantost hors de ma chambre, et t'en va si loings que jamais ne te voye, ou je te feray faire tel desplaisir que jamais ne le verras amender. »

- « Aaa, dit Tristan, tres noble dame, je vous crie mercy, car certes en se que j'ay dit n'ay pencé que bien et honneur. »

- « Atant paix, dit la duchesse, et gardes de plus dire mot devant moy, car tu es ung faulx trahistre desloial, et saches que sans plus atendre m'en vois racompter au duc ta grant desloyaulté et trahison. »

Alors Tristan demoura tout seul en grant soucy et descomffort de se que sans ocasion et pour aymer loyaulté et honneur de son prince estoit si subitement cheü en mal voulloir de la duchesse. Laquelle s'en vint au duc, son mary, et en plorant moult faintement (fol. 116 r) et faisant moult admirable deuil luy dit ses parolles :

- « Tres redoubté et puissant seigneur, je suis tant troublee et couroucee que presque jusques au morir. Et pour ce que vous estes celluy en quy je doy trouver, comfort contre toutes adversités, je viens vers vous a remede, car se vous ne relevés en moy consolacion, je croy que je mourray subitement d'angoisse et de dueil. »

Adonc le roy, quy l'amoit tendrement, en eust pitié, mesmement quant il la vist tant triste et esplourer. Si luy demanda moult doucement quelle chose estoit achoison de son courroux, luy prometant qu'il feroit son debvoir d'elle esjoïr.

- « Certes, dit elle, mon redoubté sire, je ne seray jamais recomfortee tant que soit en vostre court ung faulx trahistre, auquel vous avés moult grant amour et fiance. Et se tantost ne me vengiés de la honte qu'il a voullu pourchasser a vous et a moy, je ne croiray jamais estre de vous amee. »

- « Dame duchesse, dit le duc, puis que le fait [est]⁶⁵ tant grant, donnés moy clerement a entendre la verité de la chose et au (fol. 116 v) plaisir de Dieu, je y metray remede convenable. »

- « Sire, dit elle, c'est de Tristan vostre chevalier, quy nagueres m'a requise de folie. Et se je ne fusse vertueusement deffendue, il m'eust ahontee, de laquelle offence j'ay tant grant abhominacion que jamais ne le pourroye voir sans qu'il me soit trop grief. Et si vous luy faictes raison, il est digne de morir sans aultre jugement, pour quoy se vous le supportés contre moy, jamais en vous ne aray fiance. »

- « Certes, dame, dit il, je suis moult esmerveillé se ce que vous dictes est vray, car Tristan mon chevalier n'a pas trouvé en moy quy me deust trahir. Et si ne vis onques en luy chose quy fust contre loyaulté et bonté de chevalerie parfait et vaillant. Si vous souffrés ung peu, et je saray la vérité du fait au plus subtillement que je pourray, puis en ordonneray comme il appartiendra. »

Adonc se partist le duc de sa chambre. Et la duchesse demoura tres mal comptente de la responce, car selon ce qu'elle vousist, il n'avait pas par ses parolles mis legerement (fol. 117 r) cuer a ire contre Tristan.

[Le duc]⁶⁶ le prist par la main,* et en faisant joieuse chere le mena en son jardin, puis ferma moult bien la porte. Et Tristan avoit moult grant paour en son cuer, car il doubtoit bien que la duchesse l'avoit faulcement informé contre luy. Et adonc parla le duc a luy en ceste magniere :

- « Tristan, ne vous troublés aucunement en vostre courage de chose que je vous die, car je veuil savoir de vous une chose ; dont se jamais voullés estre mon amy, gardés que ne me cellés verité de se que je vous demanderay. »

- « Certes, mon tres redoubté seigneur, dist Tristan, demandés moy et je vous donneray response veritable s'i avent que par raison le pourray faire de vray. »

- « Il me plaist, dit le duc. Or veuil savoir en quel lieu vous aymés par amours, et que tant vous fyés en moy que me diés la pure verité. »*

---

⁶⁵ f. *et* t. corr.

⁶⁶ T. *Si* l. corr.

- « O monseigneur, dist Tristan, vous me demandés chose dont en brief vous puis faire assés legiere responce, car certes, je ayme chascun egalment de tout mon pouoir, fors tant que j'ayme vous et vostre hostel par (fol. 117 v) dessus tous. »

- « Tristan, dit le duc, je vous croy, mais il ne peult pas estre que chevalier tant bel, jeulne et gracieulx, noble, vaillant et parfait comme vous estes, soit sans avoir une dame par amour par dessus toutes. Si vous prie que vous le me diés. »

- « Hellas, mon redoubté seigneur, dit Tristan, se je vous en ay respondu autant que je vous ay pust respondre. Je supplie a vostre noble franchise que vous demourés a tant comptant. »

- « Certes, dit le duc, vous m'avés promis de [me][67]* dire vérité. Si vous dy que vers moy vous en aquittés vostre foy, se jamais voullés estre amé de moy. »

- « Monseigneur, dit il, quant vous me requerrés tant estroitement, je comfesse que j'ayme par amours en certain lieu tant loyalment comme de toute ma puissance, et tellement qu'il ne seroit en ma posibilité de mestre mon cuer en aultre lieu. Si vous prie que a tant soyés comptent, car plus avent ne vous en puis dire par raison. »

- « Tres chier amy, dit le duc, vous vallés bien de amer loyalment, mais je vous prie que feablement me descouvrés le lieu, ou autrement (fol. 118 r) n'arés ja paix a moy. »

- « O monseigneur, dit le bon chevalier, je vous prie que me pardonnés, car pour riens ne le diroye a creature quy vive. Et aussi il me samble que vous ne le me debvés pas demander. »

- « Tristan, dit le duc, bien vous poués tant fier en moy de moy descouvrir en quel lieu vous aymés. Si vous octroye que de deux choses vous choisissés laquelle qu'il vous plaira : c'est que me desclairés premier ce que je demande, ou que vous vuidiés ma terre et toute ma seignorie sans jamais retourner. Et je vous promet comme loyal et vaillant chevalier, se de vostre amours me donnés congnoissance, de les celler et garder en telle magniere que vous et vostre dame n'en aurés ja villenie ne desplaisir. »

- « Monseigneur, dist Tristan, je suis content et je vous prie que vous m'envoiés sur les Sarrazins mestre mon corps contre la puissance de tous les adverssaires de Jhesuchrist, ou que vous me faictes combastre contre quatre de vos plus fors et crueulx lions, ou

---

[67] d. *vous* d. corr.

me tramettés en aultre peril tel qu'il vous plaira, affin que, se je n'en puis eschapper par ma vaillance, que au moins je meure (fol. 118 v) a honneur, sans moy exillier a honte de vos terres et paÿs. Mais de mes amours ne m'en veuillés plus avent requerir, car j'ayme mieulx a morir que de desceller, et suis certain que se je le vous dis, que moy et celle que j'ayme en perdrons la vie. »

- « Tristan, dit le duc, vecy la derniere requeste que je vous en feray : je vous commande que se dire ne le me vollés, que presentement vous partés et exilliés de ma court et de toute ma seignorie pour jamais, car après la promesse que je vous ay faicte de loyalment garder et seller vous ne le me deussiés pas contredire. Et je vous promet encore plus avent que, en quelque lieu que vous amés, et fust ma mere, ma fille ou ma femme, que je le vous pardonne, mais que me diés toute la verité. »

Sur ses parolles fust Tristan moult pensif, car il doubtoit moins la mort que descouvrir sa tres chere dame et maistresse. Et en oultre il regardoit que s'il partoit exillié du paÿs, il ne la verroit jamais et aroit perdu sans recouvrer la consolacion de ses loyalles amours. Si avoit en son cuer tant grande contradiccion (fol. 119 r) et si divers regretz qu'il ne savoit qu'il devoit faire. Mais en conclusion de ses pencees, la fiance qu'il avoit en la parfaitte loyaulté qui devoit* estre au duc, luy donna courage de rendre responce telle :

- « Monseigneur, vous me constraignés tant estroictement, que metre me convient en vostre ordonnance la mort ou la vie de ma dame par amours et de moy. Et mesmes me constraignés a faulcer ma foy vers elle. Or plust a Dieu mon createur, que ma bouche ne fust onques faicte pour dire chose dont mon cuer [est][68] si estraint, et dont la mort est et sera un brief donnee a moy et a aultre que vous aymés moult. Et pour ce que celler ne le vous puis plus, je vous dy que c'est vostre niepce du Vergier. Si vous supplie humblement que le me pardonnés, et que ja ne le me descellés, si cher que vous aymés et tenés vostre foy, et de garder la vie d'elle et de moy. »

Adonc fust le duc merveilleusement joieulx, et entandit bien que la duchesse luy avoit menty faulcement, et qu'elle n'estoit (fol. 119 v) pas celle qu'il amoit par amours[69].* Si acolla son chevalier estroictement par grand amiabletté, disant :

---

[68] c. et s. corr.

[69] a. que la duchesse. corr.

- « Franc chevalier et mon cher amy, vous ne m'avés en nulle magniere courcé ne offendu pour avoir prises aliances de loialles amours avec ma niepce du Vergier, car je croy que on ne pourroit au monde trouver amours mieulx parties de toute biaulté, bonté, gracieuseté et noblesse d'une part et d'aultre. Mais je vous prie que me diés en quelle magniere vous poués savoir lieu et temps de parler l'un a l'autre, s'il est ainssi que nul ne sache l'estat de vos amours que vous deulx. »

- « Monseigneur, dit il, la franche dame a ung chiennet qu'elle a endotriné, lequel se vient jouer auceneffois entour de se jardin quant il est temps que je voise voir ma maistresse. Et par ainssi say je tourjours l'eure que nous pouons avoir opportunitté de parler ensamble. »

- « Or par mon ame, dit le duc, c'est une tres belle magniere. Si vous prie que a la premiere fois que vous irés je vous fasse comppaignie, car ma niepce n'en sara (fol. 120 r) riens. Et si seray un comppaignon d'armes loyal tout mon vivant. »

- « Monseigneur, dit Tristan, je y doy aller ceste presente nuit ; dont affin que puissiés voir que je me fye en vous parfaitement, vous vendrés avec moy, et vous pourrés escondre dessoubz les arbres vers, que vostre niepce ja ne vous apercevera. Et verrés se je vous ay dy verité. »

- « Mon cher frere et amy, dit le duc, je vous en mercie, et vous promet que je desire moult l'eure pour voir vostre gracieuse et amoureuse vie. »

Le jour passa et la nuyt vint. Si s'en alla Tristan le bon chevalier devers sa maistresse. Et le duc le suivist de loing. Si se mussa pres du lieu dessoubz ung bel rosier vert et flory, en telle magniere qu'il ne pouoist pas estre apperceu. Et il pouoist bien voir tout l'estat d'eulx. Le bon chevalier vint a sa dame et maistresse, laquelle il atendoit en grant affeccion de desir. Il la salua en tres amoureuse reverance, et elle luy vint encontre a moult humble et joieuse chere, en le recevant et le acueillant tant bel que plus dire ne puis. Et aprés se qu'i se furent entrebaisiés et (fol. 120 v) acollés moult honourablement et par magniere tres ordonnee, ilz commencerent a parler ensamble moult gracieusement de plaisantes parolles. Et dist Tristan en ceste maniere :

- « Ma tres chere maistresse et ma tres excellante dame, mon joieulx desir et mon souvenir amoureux, comment vous estes vous portee puis que derniere fois partis de vostre joieuse pencee ?

Avés vous eu tourjours tous vos grés et plaisirs ? Avés vous eu annoy, soulcy ou aultre riens quy vous ait aucunement despleu ? Puis je pour toute ma pocibillité faire chose quy vous puisse esjoïr et plaire ? Commandés moy vostre voulloir tourjours, a toutes heures, et vous pourrés apercevoir comme de vous complaire et servir suis ardaulment desirant. »

Adont la dame respondit moult aimablement :

- « Tres noble chevalier et mon seul et parffait amy, mon cuer, ma vie et toute ma joieuse esperance, je n'ay eu –la mercy Dieu !–, grief ; ne se j'avoye eu toutes les fortunes et discors quy peullent estre, si seroient[70] a vostre joieuse venue toutes mes doulleurs acomplies et converties en habondance de parfaicte (fol. 121 r) liesse, car entre ciel et terre n'est chose quy me peult grever tant que Dieu vous tiengne en prosperité, et que nos amours soient entierement et honnestement gardees. Si vous mercie de vostre joieuse visitacion, moy offrant a tout se qu'il vous plaira et que me vouldras demander, car je congnoys nos amours de si entiere loyaulté fermee, que moy et vous ne voudrions demander chose qui soit contre l'onneur de l'un et de l'autre. »

- « Haulte dame et tres honoree princesse d'amours, dit Tristan, je vous mercie tant comme je puis, vous acertiffiant loyalment que je ne doubteroie mort ne aultre peril quy peult estre, pour vostre honneur maintenir et garder. »

En telles parolles et moult d'aultres complaintes de merveilleuses consolacions avec gracieux baisiers passerent celle nuit en incomparables liesses, tant qu'y furent tous esbaÿs quant ilz visrent le jour esclarcy. Ilz ne penssoient avoir esté ensamble que une heure, car il leur estoit moult grief a eulx departir de sy consolable plaisir, mais force estoit de eulx departir pour garder leurs honneurs. (fol. 121 v) Pour quoy ilz prisrent le plus gracieulx congié quy fust onques veu, requerant et octroiant l'ung l'autre d'eulx entrevoir tant souvent et diligemment que faire se pourroit.

Adonc se partist le bon chevalier de la. Si trouva le duc quy estoit ja ung peu retrait affin qu'il ne fust apperceu de sa niepce la chastelaine, et tantost qu'il vist son loyal chevalier il luy vint au devant et l'acolla moult estroitement disant :

---

[70] S. *ilz* a.

- « Certes, mon cher frere et loyal comppaignon, ores suis je maintenant tout asseuré que vous me estes loyal, et que aucuns quy vous ont cuidié blasmer et oculper vers moy ont eu tord de vous. Si poués bien estre certain que d'ores en avant seray vostre, de corps d'amis et de chevance et puissance, cent mil fois plus que onques ne fus. Et mercie Dieu quy tant de grace a fait a vous et a ma niepce qu'y de vos deux cuers a fait une voullenté, car je croy que onques ne furent amours tant acomplies en perfeccion de vraye loyaulté, plaisir, gracieuseté et honneur come celle de vous deux, car en voiant vostre amoureux et honorable deport, et oyant vos consolables et amoureuses parolles, (fol. 122 r) j'ay passé ceste nuit en la plus gracieuse liesse que je sentis onques en mon vivant au cuer. »

-« Haa, monseigneur, dist Tristan, je vous remercie de l'onneur que me faictes et dictes, et des biens que vous me presentés, mais pour tous bons services et guerredon, je vous demande une seulle requeste : c'est si cher que vous aymés la vie de ma dame et de moy, qu'il vous plaise celler entierement se que je vous ay donné a congnoistre de nos amours. »

- « Cher frere et comppaignon, dit le duc, ostés vostre cuer de toute doubtance, car mieulx ameroye avoir perdu tous les biens que Dieu m'a prestés que jamais personne par moy en sceult aucune[s][71] nouvelles. »

Ces choses dictes, le duc et le chevalier misrent fin en leurs parolles, et se departirent l'ung de l'autre.

Toute celle journee fust la duchesse moult troublee, et fist tant mal samblant que le duc et tous ceulx de la court ne peurent d'elle avoir ung biau samblant ne une parolle consolative, car elle veoist Tristan le chevalier aller et venir parmy la court comme il avoit acoustumé, et servir le duc, qui plus luy faisoit (fol. 122 v) d'onneur et de bel samblant c'onques mais n'avoit fait. Si passa se jour en moult grant amertume de cuer, jusques a la nuit que le duc et elle furent ensamble couchiés. Et quant le duc se voulust dormir, quy toute la nuit avoit veillié comme vous avés ouÿ, la duchesse se degetoit et tournoit d'un costé sur aultre, en elle detordant et getant

---

[71] s. *aucune* n. corr.

souspirs par si merveilleuses fainttes que le duc en eust grant pitié, et luy demanda qu'elle avoit.

- « Sire, dist la duchesse, vous savés bien l'achoison de ma desplaisance, mais il ne vous en chault gueres. Je congnoys bien que se j'estoye morte ou deshonoree pour jamais, que riens ne vous en seroit grief. »

- « Duchesse, dit il, pourquoy dictes vous ses parolles ? Ne savés vous pas que je vous ayme autant comme prince vivant peult amer sa loyalle espouse ? »

- « Certes, monseigneur, dit elle, vous monstrés mal qu'i soit verité se que vous dictes, car vous tenés avec vous et en vostre court le trahistre quy vous et moy a voullu desheriter d'onneur, dont j'ay pour l'amour de vous tant grant despit que quant je le regarde devant moy, advis m'est que le cuer me deult partir (fol. 123 r) de deuil et d'angoisses. Et vous le soutenés malgré moy, pour moy faire despiter, et luy faictes plus d'onneur et de bel samblant c'onques mais. N'esse pas bonne chose ? »

- « Dame, dit le duc, ne me parllés plus de ses choses, car je sçay bien que Tristan le bon chevalier ne penssa onques desloiaulté contre moy. »

- « O moy, tres maleureuse et meschante, dit la duchesse, je doy bien haïr ma vie et maudire tous ceulx et celles quy onques furent consentans et causes de nostre mariage, quant, pour vous avoir dit la verité et vous avoir gardé loyaulté et foy, vous me reputés pour jangleresse et mensongiere. Et si deussiés bien croirre que Tristan m'a voullu deshonorer, car vous ne persone quy vive n'avés congnoissance qu'il ait donné par amours en quelque lieu. »

- « Duchesse, dit le duc, ne m'en parllés jamais, se courroucer ne me voullés, car je sçay bien que Tristan ayme dame par amour plus belle, plus jeulne, plus gracieuse et plus plaisant que vous n'estes, et qu'y ne penssa onques en vous a deshonneur. »

- « Voyre, dit la duchesse, certes je croy que, sauf vostre honneur, qu'y n'en soit riens, car onques creature n'en eust congnoissance ! Et se vous me savés (fol. 123 v) dire quy sont ses amours je seray contente, et ne vous en parleray jamais. »

- « Dame, dit le duc, ne me surquerés point de le vous dire, car a vous ne a aultre, pour chose qui puisse advenir, ne le decelleray. »*

Par ses parolles entandit la duchesse que elle avoit failly a sa faulce emprise, et qu'elle ne pourroit mestre malle voullenté entre le duc et Tristan. Si desira moult de savoir quelle dame Tristan amoit, affin qu'en aucune magniere leur peult a tous deux porter deshonneur et desplaisir, car elle avoit le cuer plain de moult despiteuse rage, pour ce que [il][72] l'avoit refusee quant elle par parolles couvertes c'estoit a luy presentee, comme devant [est][73] dit. Si dist au duc ses parolles :

- « Certes, monseigneur, se vous savés qu'il ayme aultre femme, vous le me poés bien dire, car adonc je croiray que se qu'y m'a dist a esté par esbatement, et en seray plus contente de vous et de luy, et plus appaisié mon cuer. »

- « Dame, dit le duc, atant paix ! Car pour riens ne le deceleroye, et se vous me voullés faire plaisir grant, c'est de jamais en ouvrir vostre bouche pour en parler en ma (fol. 124 r) presence. »

Et atant cessa le duc d'en parler. Et la duchesse fust moult comfuse de se que sa malle voullenté ne pouoist a sa fin traire. Si penssa environ partie de la nuit qu'elle ne cessa onques de plaindre, soupirer et plourer, mais pour ce ne se disposoit pas le duc a luy en dire aultre chose, pourquoy elle s'apenssa d'ung aultre barat. Et s'aprocha du duc, lequel elle acolla moult doucement, disant en ceste magniere :

- « Hellas, mon tres redoubté seigneur, je suis bien esbaÿe et trahie, quy vous ayme, craing et croy, prise et honneure tant comme loyalle femme peult amer son seigneur et mary. Et ne seroit secrept tant fust grant que je vous peusse celler, fust pour ma mort ou pour ma vie. Et vous ne m'aymés riens et ne me creés pas et ne vous fiez riens en moy. Hellas ! Quelz secreps ay je descellés de se que me dicttes onques ? Quelle chose vous ay je sellé, que je ne vous ay dit tous mes secreps ? Quy debvés vous selon verité mieulx amer que moy ? Quelle chose doit estre en vostre cuer que le mien ne le doye savoir ? Et ou sera mais trouvee loyaulté se le mary et la femme se deffient ? (fol. 124 v) Je vous suplie par amoureuse comppaignie que tant vous fiez en moy, que me diés se que je vous requier, car bien savés que jamais apprés n'en sera parllé, et que plus possible seroit la mer monter au ciel que ja ma bouche fust ouverte pour descouvrir a creature vivant chose que eussiés dit en secrept. »

Adont elle l'acolla plus estroit que devant, luy joygnant pres de ses tetins et luy baisant la bouche et les yeulx, plourant a

---

[72] q. *elle* l'a. corr.

[73] d. *et* . corr.

lermes, destournans et soupirans moult parfondement et en faisant les trahistres fainctes qu'elle peult, tant que le roy en prist pitié et luy dist :

- « Dame, je ne puis plus vous voir tant couroucee, pourquoy je vous diray se que vous demandés, se je savoye que le voulsissés celler, et le garder parfaictement et entierement. »

- « O monseigneur, dit elle, je vous jure sur Dieu et sur ma conscience et en foy de toute gentillesse, de le celler si estroitement et si discreptement que jamais n'en aura personne par mon fait congnoissance. »

- « Dame, dit il, et pour mestre vostre cuer en paiz je le vous diray. Sachiez que Tristan mon chevalier loyal ayme ma niepce du (fol. 125 r) Vergier, et elle luy, tant que je croy qu'y ne furent amours de si grande consolacion ne si parfaicte. Et la dame du Vergier a introduit son chiennet, lequel vient gentilment faire son tour entour de son jardin[74] devant le chevalier* quant il est temps qu'y voise vers elle. Et j'avoie promis a Tristan non le deceller, donc pour ce que vous estes femme en quy doit estre loyaulté, je vous l'ay descouvert pour vous apaiser, mais vrayement, se vous me le cellés et gardés moult discreptement vous en arés de moy la mort. »

- « O monseigneur, dit elle, certes vous me debvés point doubter que jamais par moy en soit parllé. »

Atant cesserent les parolles. Et le roy s'endormist, mais la duchesse de malle heure nee ne peult pas celler ne dormir, d'annoy et de rage qu'elle avoit au cuer par envie de se que Tristan amoit aultre dame qu'elle, et avoit moult grant desir qu'il fust jour, pour voir comme elle luy porroit faire honte et aussi a la chastelayne.

L'endemin fust une grant feste, et tind le duc grant court, ou furent fais après disner plusieurs esbatemens de dances, jouxtes et tournois. (fol. 125 v) Et y fust la chastelaine, que le duc avoit fait venir, avec plusieurs seigneurs, dames et damoiselles quy danssoient moult joieusement. Et la duchesse dit a la chastelaine :

- « Soyés joieuse et faictes bonne chere, car femme pourveue de tant bel amy et gracieux comme vous estes, doit estre habille et legiere a tous esbatemens. »

---

[74] j. *faire son tour* d.

De ses parolles fust la chastelaine moult merveilleusement esbaÿe, et respondit moult humblement a la duchesse :
- « Dame, je vouldroye bien faire [a vostre]⁷⁵ command bonne chere et joieuse feste, mais au regard des amours dont vous parllés, je vous dy bien que tallent n'ay d'avoir amy, sinon a l'ordonnance de mon tres redoubté seigneur et de vous, et a l'amour* de chascun. »

Atant cessa la duchesse ung peu son parler. Et quant elle eust dancé encor ung tour, elle dist en danssant et chantoist ses .iiij. vers :

« Chastelayne, soyés bien joincte,
Car bel amy avés et cointte,
Et si savés bien le mestier
Du petit chiennet affaictier. »*

Alors que fust chantee ceste douloureuse chansson plaine de venin mortel par (fol. 126 r) la duchesse, Tristan le bon chevalier n'estoit pas en la place, car le duc l'avoit mené pour soulacier en son jardin, pour joieusement passer temps. Et la chastellaine tantost qu'elle eust oÿe et entandue ladite chansson, elle congnust qu'elle estoit trahie et que ses amours estoient descellees. Si fust son cuer nasvré a mort. Et se despartist de la feste piteusement et subitement, et s'en alla au Vergier et entra en sa chambre, plorant et soupirant moult desolablement. En celle heure estoit toutes les gens du Vergier allés voir la feste a la court, fors une petite chamberiere quy estoit demouree a l'ostel* pour ce qu'elle trambloist les fievres, laquelle s'esmerveilla moult quant elle vist la chastelayne, sa maistresse, revenir de la court seulle et plourant si tres piteusement ; pourquoy elle ne l'osa araisonner, mais se asist au dehors de l'uys pour entendre se qu'elle diroit. Laquelle tout a part soy commenssa a plaindre moult doucement en ceste magnière :

- « Helas, vray Dieu glorieux, moy tres angoiseuse et dolante desconfortee ; aujourd'uy ay bien trouvé la fin de ma liesse quant madame (fol. 126 v) m'a reprochié que j'ay affaittié mon chiennet, car par ce je puis clerement apercevoir que elle scet tout l'estat de nos amours, lesquelles ne peullent estre decellees sinon par celuy que j'amoye de tout mon cuer, et il m'a trahie ! Hellas, moy tres infortunee, la plus malheureuse et miserable que la terre

---

⁷⁵ f. *vostre a* c. corr.

aujourd'uy soustiengne. Certes, il n'est pas pocible que jamais, pour chose que je fasse, je peusse recouvrer consolacion, car je sens mon cuer disposé a soy habandonner au plus desolable descomfort quy puisse estre. Hellas, noble chevalier tres vaillant, comment tu soyes le plus gracieulx, debonnaire, amiable, amoureulx de tous les aultres, je ne cuidasse que jamais loyaulx deult en toy defaillir, mais penssoie que tu deusses aussi avoir largesse de tous les aultres biens de grace et de Nature, par dessus tous aultres, et loyaulté plus qu'en homme vivant. Et pour ce je m'estoye donnee a toy si entierement que mieulx estoye tiengne que miengne, et ne te changasse pour tous les biens que la terre contient, ne pour morir ne pensasse desloiaulté en toy ; et tu m'as [trahie][76] si piteusement. (fol. 127 r) Hellas, mon amy gracieux, tres chier amé, quant tu parloyes a moy tant doucement comme ung angle, de condicion et de magniere tant ordonnee, et que nous prenions tel plaisir en nos amours tres honnestes que nous passions ensamble le jour et la nuit plus tost que oysel ne volle, je ne cuidasse pas adonc que tu pensasses desloyaulté vers moy, et que tu me voulsisse trahir a la mort. Hellas, mon amy, je cuidoye que tu me amasses aprés Dieu sur toutes riens, comme je faisoye toy. Mais bien appert que tu amoyes mieulx la duchesse, et que je n'estoye pas digne de pocider si riche tresor comme d'avoir seulle le don de tes amours. Hellas, ou sera plus trouvee loyaulté quant la fleur de tous les chevaliers parfais et vaillans a si desloyalment faulcé sa promesse en descouvrant amours, pour moy deffendre de la Court Amoureuse ? Hellas, Fortune, je n'ay pas grant cause de moy plaindre de toy, car tu as usé de ton office quy ne tind onques ordre ne regle ne mesure, mais je me doy bien plaindre d'amours quy ont souffert a mon amy pensser desloyaulté. (fol. 127 v) Hellas, Amours, j'ay tord de faire de toy complaintte, car se je veuil verité regarder, je doy humblement regracier ta noble seignorie quant tu m'as garnie de si grande loyaulté que mon cuer n'eust pour riens enffraint tes regles. Et pour loyalment amer veuil je morir, laquelle mort sera honorable, combien que dommagable me soit. Si ne me say de quy plaindre, sinon de mon parffait amy, lequel j'ayme tant loyalment que pour trahison qu'il ait faicte vers moy ne le puis oublier ne haïr. Hellas, mon amy, certes quant je regarde que mon cuer ne puis oster de toy et je sens que tu as

---

[76] s. *trahiee* s. corr.

donné tes amours a aultre qu'a moy en descouvrant nostre amoureuse aliance, je sens multiplier en moy la grande destresse et le desesperable descomffort, quy si griefment me tourmente que plus ne puis porter ceste martireuse doulleur quy mon chetif cuer desollé fait miserablement fendre et partir. Et ne veuil plus vivre aprés se que j'ay perdu le hault bien d'amours que je cuidoye garder toute ma vie. Et quant tu me saras estre morte pour l'amour de toy, ores congnoistras tu ma loyaulté. Hellas, Engoisse (fol. 128 r) me court sus, le cuer me part, la parolle me fault, tous mes membres labourent a la fin ; et la mort me constraint et chace, dont je la regracie, car on doit tenir la mort pour heureuse quy fait finer telles destresses que je porte. »

La dame avoit le cuer si serré pour l'amour qu'elle languissoit, qu'elle ung peu appres ses complainttes gesta ung soupir du cuer si parfont et merveilleux, en disant ses dernieres parolles :

- « Mort angoiseuse, de tous hayes et despitee, bien soyes tu venue, quy veulx mestre fin au plus rigoureux martire quy onques fust veu ne que onq cuer humain soustint. Sire Dieux glorieux, je rens a toy mon ame, priant a l'infinitté de ta miseicorde que tu la reçoyves a mercy. A Dieu te commant, mon bon amy. Je meurs pour toy loyalment amer, si que jamais ne te verray et jamais vive ne me verras. »

Belles piteuses complainttes et aultres inumerables lamentacions fist la franche dame en grant habondance de pleurs et soupirs, et en tant admirable descomffort qu'i n'est si dur cuer s'i la regardast, qu'i se peult tenir de (fol. 128 v) plourer tres amerement. Et en telles complaintes faisant, deromppant ses robes et ses biaux cheveulx, par trop grant imfluance et efusion de desolable et angoiseuse destresse, le cuer luy fendit et esclatta, et fust ilec subitement morte.

Ung peu après que la chastelaine se fust partie de la dame par les parolles de la duchesse, comme dit est dessus, le duc et le chevalier vindrent de l'esbatement, et furent esmerveillés de se que la chastelaine* n'y estoit pas. Si dist le duc a Tristan qu'il alast vers elle et la menast a la feste, lequel tout seul y alla moult joieulx. Et comme il entra en la chambre et il la vist gesir a terre sur le tappis, elle estant morte, il fust moult esmerveillié encores quant il la vist tant desolablement esploree et eschevellee. Mais il ne cuidoit pas qu'elle fust morte, car elle avoit encores sa biaulté vermeille et coulouree pour la grant habondance quy lui avoit esmeü le sanc. Si l'apella, mais elle ne parlla point. Et adonc il araisonna la chamberiere qui la estoit, laquelle luy (fol. 129 r) racompta comment elle estoit venue seulle de la court, merveilleusement esplouree, et comme elle c'estoit complaintte de la duchesse, quy luy avoit reprochié d'avoir affaittié son chiennet, et les griesves complainttes qu'elle faisoit de son amy quy l'avoit trahie, en disant que elle voulloit morir, et que en commandant son ame a Dieu elle c'estoit laissee choir a terre.

Quant le chevalier entandist ses parolles, il fust a merveilles desconforté. Si vint voir sa maistresse et, quant il congnust que elle estoit morte, il fust moult outrageusement nasvré a mort.

- « Hellas, dit il, moy dolant et miserable, pourquoy vint onques le jour de ma nativitté ? Et pourquoy me donna onques Dieu estre humain ? Pour trahir a mort ma tres loyalle dame et maistresse, laquelle estoit le tresor et l'acomplicement de tous mes biens et loyaulté que Amours peureust onques amasser. Hellas, ma tres honoree maistresse, le miroer et l'exemplaire de toute beaulté, bonté, honneur et loyaulté, comment peult Dieu et Nature avoir souffert que vous, quy seulle estiés remplie de tous (fol. 129 v) biens et graces que tous les autres du monde ne peullent ensamble atendre, [soiés][77] morte tant subitement, et que je voye vostre gent corps sans vie ? Et comment me peult la justice de Dieu soustenir ? Pourquoy ne meurs sans avoir puissance ne vertu de parler ? Comme tant exelante soit morte par mon deffault, quelle chose peult deffendre mon cuer de rompre et partir, quant je voy morte la fleur des fleurs, et la plus loyalle dame que la vie soustenist, qui m'avoit fait seigneur de ses amours et c'estoit donnee a moy tant entierement, quy pour l'amour de moy a voullu morir. Hellas, ma tres amiable dame, j'ay bien cause de multiplier en moy le plus rigoreux deuil que cuer humain peult porter, quant aujourd'uy la fleur de toute noblesse [est][78] perie et morte, par quoy la Court Amoureuse a perdu tout son pouoir et sa vaillance. Ce dommage ne peult estre jamais recouvré, mais puis que c'est advenu par moy, je veuil morir pour elle, combien que se ne soit pas condigne sathiffacion, car aprés sa mort ne veuil (fol. 130 r) jamais vie

---

[77] a. *soit* m. corr.

[78] n. *et* p. corr.

possider. Hellas, ma tres loyalle dame, Dieu scet bien que quant je descouvris nos amours au duc, que se fust en grant feableté, et affin que je ne perdice le paÿs, pour ce que jamais ne vous eusse veüe. Hellas, tres noble duc, la fiance que j'avoye en toy te deult bien avoir tenu et gardé en loyaulté, et toy avoir deffendu de nous avoir descouvert a la duchesse, laquelle par faulce envie a tout d'ung coup nafvré a mort ma maistresse et moy. O duchesse, se j'eusse voullu acomplir son plaisir, au deshonneur de monseigneur le duc, tu ne m'eusses pas pourchassié ceste malle fortune. Mais j'amoye mieulx loyaulté que vain delit contre mon prince. O franche chastelaine et ma tres loyalle dame en amours, plust a Dieu que vous sceusses comment j'ay eu tourjours le cuer loyal vers vous. »

Adonc le chevalier gentil, regardant continuellement sa dame gisant morte a ses piés, trait une espee clere tranchant qu'y portoit a son costé, puis dist :

- « Ma seulle dame, la loyaulté que vous avés envers moy eue a voulloir pour moy morir, me constraint a morir pour vous. Vray Dieu, roy (fol. 130 v) de tous les roys, tout puissant, je te commande en tes mains mon esperit, en toy priant que tu ayes misericordieusement mercy de ma dame et de moy et que nous mettes ensamble en ta gloire. »

Et se disant, il adressa la pointte de son espee contre son cuer et le mist en deux parties, et chaÿ mort emprés le corps de sa dame.

De laquelle inumerable pitié* la chamberiere, quy vist tout le fait, fust moult esbaÿe, et s'en vint devers le duc moult piteusement effroye[e][79], auquel elle racompta* tout le fait de la mort de l'ung et de l'autre au mieulx qu'elle peult, et toutes leurs parolles et complainttes. Par quoy le duc entandit bien que la duchesse avoit pourchassié tout se meffait par couroulx et envie qu'elle n'avoit eu son plaisir de Tristan. Puis se remembra que tout estoit venu par sa parolle, car il avoit descouvert le fait a la duchesse sans mal pencer, laquelle pour habondance de malice et d'envie estoit cause principal de tout celuy piteux meurtre. Si vint au lieu et vist la douloureuse adventure, dont il fust estroittement courroucé. Et adonc subitement (fol. 131 r) mena grant ire, et trait

---

[79] m. *effroye*, a. corr.

l'espee hors du corps du chevalier, toute rouge du sanc. Si vint a la feste, et comme tout forcené et habandonné a toute desesperance, il escria la duchesse a mort, laquelle s'en cuida bien fuir. Mais il la suivist roidement et luy dist :

- « Duchesse, or est vostre malicieux malice descouvert, car parce que vous n'avés peü joïr a vostre plaisir de Tristan mon chevalier, vous avés par envie et par vos faulces jangles aujourd'uy decouvertes les amours de luy et de ma niepce du Vergier, tant qu'y sont tous deux mors l'ung pour l'autre. Et je fais veu a Dieu que vous en perdrés la vie. »

Et adonc, sans nulle mercy d'elle ne sans voulloir avoir [ecouté][80]* excusacion qu'elle vousist dire, il luy trancha la teste publiquement.

Quant le duc eust occis la duchesse, il se prist a complaindre piteusement en ceste magniere :

- « Helas, moy povre dollant et desconforté, je suis cause de la mort des plus loyalles amoureuses creatures qui fussent au monde et que j'amoye le plus, lesquelz sont mors par ma parolle, combien que je n'y eusse onques penssé mal. Puis, par courroulx, (fol. 131 v) ay mis mon espouse a mort, qui par faulce envie et janglerie avoit perpetré tout se meschief. Si suis ores tout seul et sans comfort, et useray tout le plus de ma vie en habondance de tristesses. Dont, affin que Dieu ait mercy de moy, je propose laissier le monde et toutes ses vanittés et entrer en religion, pour contempler a servir Dieu en penitance, et priant a Dieu qu'y se meuve a pitié et qu'y pardonne aux ames des deux loyaulx amoureulx. »

Lequel Dieu glorieux nous doint a tous et a toutes ainssi vivre et finer qu'en la fin nous fasse heritiers de son glorieulx royaulme, en participacion de vision divine et de pardurable paix. Amen.

---

[80] a. *executé* e. corr.

Cy finist l'Istoire* de la Chastelaine du Vergier et de Tristan le Chevalier.

Pour celluy qui m'a escript
Ave Maria soit dit.

Notes

Fol. 108 r – *La Chastelaine du Vergier* : Le syntagme « La Chastelaine du Vergier » est écrit au tout début du manuscrit, en grosses lettres et en gras. Il semble bien avoir ici une valeur de titre et non de rubrique. Le titre exact est donné dans l'explicit : « Cy finist l'*Istoire de la Chastelaine du Vergier et de Tristan le Chevalier* » (fol. 131 v).

Fol. 108 v – *nommé Tristan* : La version en prose, contrairement à celle en vers du XIIIème siècle, introduit le nom du chevalier. Selon G. Raynaud, « Le chevalier est appelé *Tristan*, sans doute par une confusion avec le Tristan, amant d'Iseut, qui figure dans un vers du poème [= c'est-à-dire *La Chastelaine de Vergi*] (v. 760) » :

« Je cuidois que plus loiaus
me fussiez, si Dieus me conseut,
que ne fu Tristans a Yseut » (vv. 758-761).

Voir G. Raynaud, « *La Chastelaine de Vergi* », *Romania*, XXI, 1892, pp. 145-193, (p. 158).

Fol. 109 v – *la chastelainne du Vergier* : L'usage du terme « chastelainne » est assez intéressant. Elle est, effet, la femme du chastelain, lui-même figure centrale de la hiérarchie féodale. Il est, comme l'a souligné A. Lerond, le « vassal direct du roi, du duc ou du comte, il a, de père en fils, la charge de gouverner un château de son seigneur. Ce château n'a rien de commun avec quelque forteresse : il est le chef-lieu d'une châtellenie. Le châtelin dispose donc de pouvoirs de commandement sur les manants d'un certain nombre de villages groupés ou dispersés autour du château. Il est, d'autre part, entouré de plusieurs chevaliers (milites) qui sont ses vassaux, c'est-à-dire tiennent de lui un fief, l'aident à défendre son château, où ils vivent parfois avec lui. Aussi peut-on dire que le château constitue le centre de réunion de la société féodale. » : voir A. Lerond, *Edition critique des œuvres attribuées au Chastelain de Couci*, Paris, Presses Universitaires de France, 1963, p. 16.

La substitution du nom « Vergi » au profit du substantif « vergier » ne semble pas être une surprise dans un texte du XVème siècle. M. Roques a, en effet, souligné que « cette transformation se rencontre, assurée par la rime, dans une strophe du *Champion des dames* de Martin le Franc (*l. c.*, p. 157) :

> Que diray je du chevallier
> Qui tant amoit couvertement
> La chastelaine du Vergier ?

En voici deux autres exemples que me fournit le *Jardin de Plaisance* et qui montrent qu'elle était chose acquise pour la littérature amoureuse de la seconde moitié du XVème siècle.

> Et au milieu une auditoire
> Je veiz de verde marjolaine
> Ou de maintes fleurs veiz l'hystoire
> Faicte de Paris et de Helaine
> Et du Vergier la chastelaine
> Qui suivirent Amours jadis
> Sans avoir penssee villaine
> En faitz, en pensers et en ditz.

(Baudet Herenc, *Parlement d'Amours, Jardin de Plaisance*, f. CXL.)

> Ne mourut pas la belle du Verger
> Chastellaine ? Si fist son chevalier
> Qui murdrist par vous [Amours] de ses deux mains,
> Dont puis le duc aprés tres piteux plains
> La duchesse mesmes decapita
> La mort de trois bien fort exploicta [*sic*].

Purgatoire d'amours, Jardin de Plaisance, f. CLXXXV.) » : voir M. Roques, « *La Chastelaine du Vergier* », Romania, LXVII, 1941, pp. 370-371, (p. 371).

Il faut souligner, de plus, que le « Vergier » est un thème omniprésent au XVème siècle, qui se retrouve aussi bien dans l'iconographie que la littérature de cette époque. Voir, entre autres, à ce sujet M.-T. Gousset, *Eden. Le jardin médiéval à travers l'enluminure, XIIIè-XVIè siècle*, Paris, Albin Michel et Bibliothèque nationale de France, p. 31 et Ph. Ménard, « Jardins et vergers dans la littérature médiévale », in *Jardins et vergers en Europe Occidentale (VIIIè-XVIIIè siècle)*, Flaran, 9, 1987, pp. 41-70.

Fol. 109 v – *festes et esbatemens* : La faute de copiste que nous trouvons ici, avec la répétition du substantif « festes », est un phénomène que l'on retrouve plus loin à deux autres reprises (**Fol. 110 v** – *tres honoree dame* et **Fol. 125 r** – *devant le chevalier*). Elle pourrait faire penser, comme l'a déjà souligné R. Stuip, « que nous sommes en présence d'une copie ; il a donc dû exister au moins encore un autre manuscrit de notre texte » : voir R. Stuip, « L'*Istoire de la Chastelaine du Vergier* », *op. cit.*, note 12, p. 356. De même, un autre phénomène tendrait à étayer cette hypothèse. En effet, à deux autres reprises, le texte semble être lacunaire, comme si le copiste avait omis quelques éléments, en sautant des mots voire même une ligne (?). Voir **Fol. 119 v** – *Si le prist par la main* et **Fol. 119 v** – *il amoit par amours*.

Fol. 110 r – *angoisses [et] travaux* : A. M. Babbi, *La Chastelaine du Vergier. Novella in prosa del sec. XIV*, *op. cit.*, p. 35, n'opère pas de correction ici, mais donne une autre lecture de cette phrase : l. *angoissés travaulx* q.

Fol. 110 v – *tres honoree dame* : voir la note **Fol. 109 v** – *festes et esbatemens*.

Fol. 110 v – *la Court Amoureuse* : L'emploi du terme « Court Amoureuse », comme l'a fait oberver R. Stuip, « ne dit pas grand chose ; rien dans le texte ne montre que pour l'auteur ce terme a été davantage qu'une étiquette » : voir R. Stuip, « L'*Istoire de la Chastelaine du Vergier* », *op. cit.*, p. 346. De même, toujours selon R. Stuip, « on pourrait se demander si [son emploi] a été l'effet du hasard ou si l'auteur a pensé à telle cour « réelle » (p. ex. celle de l'entourage de Charles VI » : voir R. Stuip, « L'*Istoire de la Chastelaine du Vergier* », *op. cit.*, note 10, p. 355.

Fol. 114 v – *l'amour et l'honneur* : Il y a dans le manuscrit entre « et » et « l'honneur » une lettre barrée qui semble être un « d ». Le copiste a-t-il commencé par écrire « (…) il estoit chevalier loyal et amoit l'amour et *d'*honneur du duc son droitturier seigneur tres entierement. », pour se reprendre et proposer la phrase suivante : « (…) il estoit chevalier loyal et amoit l'amour et *l'*honneur du duc son droitturier seigneur tres entierement. »? Ce phénomène n'est signalé ni par J. Brocherel, *op. cit.*, p. 8, ni par R. Stuip, *op. cit.*, pp. 88-89 et 110, ni par A.M. Babbi, *op. cit.*, p. 39, tandis que

B. Gauthier, *op. cit.*, II : 3, p. 146, le signale dans une note : « et d (this letter barred) l'o ».

Fol. 115 v – *la couvrir, et sa grant honte* : A.M. Babbi, *op. cit.*, p. 40, propose la correction suivante : « v., et pour la couvrir, et *celler* sa grant honte, e. ».

Fol. 117 r – *Le duc le prist par la main* : Nous avons ici une phrase manifestement corrompue, à cause de l'omission de quelques mots. Nous corrigeons par l'ajout de « Le duc », mais la proposition faite par R. Stuip, *op. cit.*, pp. 91 et 110 est aussi satisfaisante : « c. *le bon chevalier. Le duc fit venir Tristan si* l. ». En revanche, J. Brocherel, *op. cit.*, p. 10, et B. Gauthier, *op. cit.*, p. 119 ne semblent pas s'être rendu compte du problème posé par le texte et ne procèdent à aucune correction. De son côté, A.M. Babbi, *op. cit.*, p. 42, prend la décision de ne pas corriger mais signale bien, par le biais d'un signe diacritique, que le texte est lacunaire. Voir la note **Fol. 109 v** – *festes et esbatemens*.

Fol. 117 r – *je saray la verité* : on lit nettement dans le manuscrit que le copiste a d'abord écrit « perité » pour se reprendre et former la lettre « v » sur celle du « p » afin de corriger cette erreur par le mot « verité ». Ce phénomène n'est cité ni par J. Brocherel, *op. cit.*, p. 10, ni par R. Stuip, *op. cit.*, pp. 91 et 110, ni par A.M. Babbi, *op. cit.*, p. 42, tandis que B. Gauthier, *op. cit.*, III : 3, p. 146 (mais correspond à III : 9/10 selon son découpage du texte) précise également dans sa section de notes lire « perité (v has been superimposed on the first letter) ».

Fol. 117 v – *promis de [me] dire vérité* : Le manuscrit donne « d., vous m'avez promis de vous dire vérité. S. » qui n'est pas juste, et que nous corrigeons par « d., vous m'avez promis de *me* dire la vérité. S ». A.M. Babbi, *op. cit*, p. 42, procède de la même manière. B. Gauthier, *op. cit.*, pp. 120 et 146, opère la correction et ajoute également l'article « la » entre « dire » et « vérité ». En revanche, le texte n'est pas corrigé par J. Brocherel, *op. cit.*, p. 10, mais il ajoute également l'article. R. Stuip, *op. cit.*, pp. 92 et 110, signale l'usage de « vous » par le texte mais ne procède à aucune correction.

Fol. 119 r – *loyaulté qui devoit* : Nous trouvons dans le manuscrit « de » entre « loyaulté » et « qui », qui a été barré par le copiste. Ce phénomène n'est pas signalé par J. Brocherel, *op. cit.*, p. 11 ni par B. Gauthier, *op. cit.*, p. 146, tandis que R. Stuip, *op. cit.*, p. 110 lui consacre une note. En revanche, A.M. Babbi, *op. cit.*, p. 44, corrige le texte en ajoutant « d » : « e. la parfaitte loyaulté *de* qui devoit estre au duc, l. ».

Fol. 119 v – *il amoit par amours* : Le manuscrit donne quelques mots supplémentaires qui n'ont pas de sens : « q. il amoit par amours *que la duchesse. S.* ». Le manuscrit paraît ici être lacunaire. R. Stuip, *op. cit.*, pp. 94 et 110, signale également ce phénomène. Voir **Fol. 109 v** – *festes et esbatemens*.

Fol. 123 v – *ne le decelleray* : Nous trouvons dans le manuscrit entre « ne » et « le » un « v » barré. Ce phénomène n'est pas signalé par J. Brocherel, *op. cit.*, p. 13, tandis que R. Stuip, *op. cit.*, p. 111, lui consacre une note.

Fol. 125 r – *devant le chevalier* : Le manuscrit est fautif, il propose en effet la phrase suivante qui nécessite une correction : « c., lequel vient gentilment faire son tour entour de son jardin faire son tour devant le chevalier q. ». Voir la note **Fol. 109 v** – *festes et esbatemens*.

Fol. 125 v – *et a l'amour* : le « a » est ajouté en haut de la ligne, entre « et » et « amour ». Ce phénomène n'est signalé ni par J. Brocherel, *op. cit.*, p. 14 ni par R. Stuip, *op. cit.*, pp. XX et 111, tandis que B. Gauthier, *op. cit.*, VI : 8, p. 147, lui consacre une note en commettant manifestement une erreur de lecture. En effet, à côté de la lettre « a » nous trouvons le signe ^ qui est répété dans le texte. Il ne s'agit par d'un « j' » comme l'a cru B. Gauthier, qui transcrit alors « ja », mais bien d'un élément signalant l'insertion du « a » à faire dans le texte.

Fol. 125 v – *Chastelayne, soyés bien joincte* : Ces quelques vers paraissent bien s'inspirer de quatre autres que nous trouvons dans *La Chastelaine de Vergi* :
« Chastelaine, soiez bien cointe,
Quar bel et preu avez accointe. (*La Chastelaine de Vergi, op. cit.*, vv. 707-708, p. 22);
« Qui avez apris le mestier
Du petit chienet afetier ! » (*La Chastelaine de Vergi, op. cit.*, vv. 717-718, p. 23).

Fol. 126 r – *demouree a l'ostel* : Nous trouvons dans le manuscrit le substantif « court » qui a été barré et remplacé par celui de « ostel ».

Fol. 128 v – *que la chastelaine* : Nous trouvons dans le manuscrit le substantif « duc » qui a été barré et remplacé par celui de « chastelaine ».

Fol. 130 v – *et la mist* : On voit dans le manuscrit que l'article est étrangement écrit. En effet, on dirait que le copiste a d'abord tracé l'article « la » pour le modifier ensuite par « le », lorsqu'il s'est rendu compte de son erreur. Ce phénomène est également signalé par R. Stuip, *op. cit.*, p. 111.

Fol. 130 v – *inumerable pitié* : Dans le manuscrit la jambe du « p » possède une barre horizontale. Il semblerait que nous soyons en présence d'un « p » souscrit et donc d'une abréviation qu'il conviendrait alors de résoudre, comme l'a fait A.M. Babbi, *op. cit.*, p. 56, par « p[er]itié ».

Fol. 130 v – *auquel elle racompta* : Nous lisons dans le manuscrit « auquell » mais le second « l » a été barré par le copiste.

Fol. 131 r – *avoir ecouté* : A.M. Babbi, *op. cit.*, p. 57, lit fautivement « excouté » au lieu de « executé », le copiste du manuscrit commettant également une erreur.

Fol. 131 v – *Cy finist l'Istoire* : L'emploi du substantif « Istoire » semble être une caractéristique des textes du XVème siècle. Voir à ce sujet G. Doutrepont, *op. cit.*, pp. 323-327.

Glossaire

A

abhominacion : (fol. 116 v), horreur.
acertifier : (fol. 121 r), confirmer, garantir.
achoison : (fol. 110 r), cause, raison.
acoller : (fol. 119 v), embrasser, se jeter au cou.
acomplir : (fol. 130 r), réaliser.
acteur : (fol. 108 v), auteur.
adonc : (fol. 116 v), maintenant, alors.
advencement : (fol. 110 v), avantage, profit.
advenement : (fol. 110 v), arrivée.
advis (etre) : (fol. 122 v), sembler.
affaictier : (fol. 125 v), éduquer, dresser.
ahontir : (fol. 116 v), déshonorer, couvrir de honte.
aliance : (fol. 127 v), union.
angle : (fol. 127 r), ange.
angoiseusement : (fol. 109 v), violemment.
annoy : (fol. 112 r), ennui, peine, tourment, tristesse.
apparoir : (fol. 127 r), apparaître.
araisonner : (fol. 126 r), s'adresser à quelqu'un.
ardaulment : (fol. 114 r), ardemment.
atant : (fol. 115 v), alors.
atraiemens (faire) : (fol. 114 v), faire du charme.
atraiemens : (fol. 114 v), tout ce qui attire.
aucunes : (fol. 108 r), certain, quelque.
soi (a part) : (fol. 110 r), tout seul.

B

bailler : (fol. 109 v), donner.
baratz : (fol. 109 v.), tromperie, ruse.
beneurté : (fol. 111 r), félicité.
brief : (fol. 117 r), court.

C

c'onques : (fol. 111 v), jamais.
celler : (fol. 108 r), garder secret.
chascung : (fol. 114 v), chacun.
chetif : (fol. 127 v), malheureux.
chevance : (fol. 121 v), biens matériels.

chiennet : (fol. 113 v), petit chien.
choir : (fol. 115 v), tomber.
clere : (fol. 130 r), brillant.
cointte : (fol. 125 v), élégant, gracieux, raffiné.
combien que : (fol. 111 v), quoique.
comfort : (fol. 116 r), réconfort.
commant : (fol. 128 r), recommande.
complaisement : (fol. 110 v), satisfaction, plaisir.
conclusion : (fol. 114 r), pacte.
condigne : (fol. 129 v), approprié aux circonstances.
consolable : (fol. 121 r), réconfort.
consolative : (fol. 122 r), réconfortante.
courage : (fol. 108 r), sentiments, intention, cœur.
couroucee : (fol. 114 v), énervé, irrité.
courroux : (fol. 116 r), colère.
couvrir : (fol. 115 v), cacher, dissimuler.
cremeur : (fol. 112 r), crainte.
cuider : (fol. 127 r), penser, croire.

D
debonnairetté : (fol. 110 r), noblesse, bonté, générosité.
decevant : (fol. 108 r), trompeur.
deffier : (fol. 124 r), se méfier de.
degeter : (fol. 122 v), bouger.
departir : (fol. 121 r), se séparer.
deport : (fol. 121 v), manière d'être.
deromppant : (fol. 128 v), déchirant.
desceller : (fol. 108 r), révéler.
desclairere : (fol. 118 r), déclarer.
desconfortee : (fol. 126 r), désolé.
deservir : (fol. 115 r), mériter.
despiter : (fol. 123 r), mépriser.
destreceuses : (fol. 111 r), douloureuses.
detordant : (fol. 122 v), se tordant.
diligenment (fol. 121 v), soigneusement.
discors : (fol. 120 v), querelles.
droitturier : (fol. 114 v), légitime, légal.
descouvrir (fol. 108 r), révéler.
desesperable : (fol. 127 v), qui cause le désespoir.
desolable : (fol. 128 v), qui provoque la désolation.
despiteuse : (fol. 123 v), irascible.

deu : (fol. 113 v), du.
devers : (fol. 113 v), vers.
divers : (fol. 119 r), opposé, différent.
dolant : (fol. 129 r), affligé.

E
emprés : (fol. 130 v), auprès de.
emprise : (fol. 123 v), entreprise.
endotriner : (fol. 114 r), instruire, enseigner.
enlaxer : (fol. 109 v), enlacer.
entracoler : (fol. 113 r), s'enlacer.
environ : (fol. 113 v), près de.
esbahir : (fol. 121 r), déconcerter, étonner.
esbatemens : (fol. 109 v), divertissement.
eschauffer : (fol. 114 v), exciter, enflammer.
esclarcir : (fol. 121 r), apparaître.
escondre : (fol. 120 r), se cacher.
esjoïr : (fol. 113 r), réjouir.
estat : (fol. 109 v), condition.
estroitement : (fol. 117 v), rigoureusement.
exemplaire : (fol. 129 r), exemple.

F
faillir : (fol. 108 r), manquer
feablement : (fol. 108 r), fidèlement.
ferir : (fol. 110 r), frapper.
fiance : (fol. 116 r), confiance.
finer : (fol. 128 r), se terminer.
fors : (fol. 117 r), excepté.
fortune : (fol. 120 v), malheur.

G
gent : (fol. 129 v), joli, gracieux.
gesir : (fol. 128 v), être étendu, couché.
grever : (fol. 121 r), tourmenter, affliger.
grief : (fol. 116 v), pénible, douloureux.
guerredon : (fol. 122 r), récompense.

H
habille : (fol. 125 v), adroit.
haïr : (fol. 123 r), détester.

I
ilec : (fol. 128 v), alors.
introduire : (fol. 113 v), instruire.
inumerable : (fol. 111 r), innombrable.
ire : (fol. 115 v), colère ; mener ire : se mettre en colère.

J
ja : (fol. 118 r), renforce la négation ; jamais.
jangle : (fol. 131 r), bavardage, médisance.
jangleresse : (fol. 123 r), médisante.
Jouxte : (fol. 125 r), joute.

L
legier : (fol. 112 r), facile, facilement, rapidement.
lermes : (fol. 124 v), larmes.
liesse : (fol. 109 r), joie.

M
martireuse : (fol. 127 v), cruelle.
mercy : (fol. 114 v), pitié, miséricorde.
meschief : (fol. 131 v), malheur, mésaventure.
mesmement : (fol. 116 r), surtout, en particulier.
meurdrir (se) : (fol. 110 r), se meurtrir
miroer : (fol. 129 r), miroir.
musser (se) : (fol. 120 r), se cacher.

N
nasvrer : (fol. 108 r), blesser.
ne : (fol. 131 r), ni.
nonostant : (fol. 110 r), malgré.

O
occire : (fol. 131 r), tuer.
octroyer : (fol. 112 r), donner son consentement, autoriser.
oculper : (fol. 121 v), accuser.
ordonnee : (fol. 127 r), convenable.
ores : (fol. 121 v), maintenant.
ouïr : (fol. 110 r), écouter.
outrageusement : (fol. 129 r), exagérément.
oyant : (fol. 121 v), écoutant.

oysel : (fol. 127 r), oiseau.

P
paour : (fol. 109 r), peur.
parfons : (fol. 111 v), profond.
perdurable : (fol. 131 v), éternel, perpétuel.
piteuse : (fol. 110 r), triste, qui suscite de la pitié.
pocider : (fol. 127 r), posséder.
pourchasser : (fol. 115 r), poursuivre assidûment.
povretté : (fol. 108 v), état misérable, chose malheureuse qui arrive.
presentement : (fol. 118 v), tout de suite, immédiatement.
priser : (fol. 109 r), donner de la valeur, estimer, apprécier.
puis : (fol. 120 v), depuis.

Q
querir : (fol. 109 v), chercher.

R
rappel (sans) : (fol. 111 v), irrévocablement.
recouvrer : (fol. 118 v), retrouver.
regraciant : (fol. 113 r), remerciant.
reputer : (fol. 123 r), considérer.
requerir : (fol. 115 r), rechercher.
roidement : (fol. 131 r), rapidement.

S
samblant : (fol. 111 v), manière d'être, physionomie, mine.
seller : (fol. 118 v), garder secret.
singullier : (fol. 113 r), unique.
souffrir : (fol. 127 r), permettre.
soulacier : (fol. 126 r), se distraire.
surquerir : (fol. 123 v), forcer.

T
tantost : (fol. 115 v), immédiatement.
tetins : (fol. 124 v), seins.
timeur : (fol. 111 r), crainte.
trahistre : (fol. 108 r), traître.
tramettre : (fol. 118 r), envoyer.
travaux : (fol. 110 r), peines.

U
uys : (fol. 126 r), porte.

V
vergoigne : (fol. 115 v), honte, déshonneur.
veuil : (fol. 127 v), je veux.
villenie : (fol. 118 r), infamie.
visitacion : (fol. 121 r), visite.
voise : (fol. 113v), aller (prés. subj.)
vousist : (fol. 116 v), vouloir (imp. subj.)
vuider : (fol. 115 v), partir.

Index

Amour : fol. 109 v, 111 r, 127 v, 129 r.

Bourgoigne : fol. 108 v, 109 r.

Court Amoureuse : fol. 110 v, 127 r, 129 v.

Dieu : fol. 110 v, 111 r, 114 r, 116 v, 119 r, 120 v, 121 r, 121 v, 122 r, 124 v, 126 r, 127 r, 128 r, 129 r, 129 v, 130 r, 131 r, 131 v.

Engoisse : fol. 127 v.

Nature : fol. 111 r, 126 v, 129 v.

Tristan : fol. 108 v, 109 v, 111 v, 112 r, 113 r, 114 r, 114 v, 115 r, 115 v, 116 v, 117 r, 117 v, 118 r, 118 v, 120 r, 120 v, 121 r, 122 r, 123 r, 123 v, 124 v, 125 r, 126 r, 128 v, 130 v, 131 r, 131 v.

Bibliographie

I - Editions

- *La Chastelaine de Vergi* :

La Chastelaine de Vergi. Poème du XIIIème siècle, édité par Gaston Raynaud, quatrième édition, revue par Lucien Foulet, Paris, Champion, 1912.
La Chastelaine de Vergi. Edition critique du ms. B.N.f.fr. 375 avec Introduction, Notes, Glossaire et Index, suivie de l'édition diplomatique de tous les manuscrits connus du XIIIème et du XIVème siècle, par René Ernest V. Stuip, La Haye et Paris, Mouton, 1970.
La Châtelaine de Vergy, édition de Jean Dufournet et Liliane Dulac, Paris, Folio, 1994.

- *Istoire de la Chastelaine du Vergier et de Tristan le Chevalier* :

Novella e poesie francesi inedite o rarissime del secolo XIV, Firenze, stabilimento Giuseppe Civelli, 1888, pp. 1-41.
J. Brocherel (éd.), « Une chanson de geste du XIIIème siècle transcrite en prose par un Voldôtain du XVème siècle », *Agusta Praetoria. Revue de Pensée et d'Action Régionaliste*, 1, 1927, pp. 1-17.
La Châtelaine de Vergy, éd. R. Stuip, Paris, U.G.E., 10/18, coll. Bibliothèque médiévale, n° 1699, 1985, pp. 71-117.
B. J. Gauthier, *La Chastelaine du Vergier : A Critical Edition*, Ph.D., Vanderbilt University, 1985.
La Chastelaine du Vergier. Novella in prosa francese del sec. XIV, nota introduttiva, testo e glossario a cura di A. M. Babbi, Verona, Università di Verona, Facoltà di Economia e Commercio, Istituto di Lingua e Letteratura Francese, 1985.

II - Etudes

- *Istoire de la Chastelaine du Vergier et de Tristan le Chevalier* :

C. Almeida Ribeiro, « De la *Castelaine de Vergi* à la *Chastelaine du Vergier* : mise en prose et moralisation », *Ariane*, 6, 1988, pp. 15-24.

M. Roques, « *La Chastelaine du Vergier* », *Romania*, 67, 1941, pp. 370-371.

R. Stuip, « L'*Istoire de la Chastelaine du Vergier* », in *Actes du IVème Colloque International sur le Moyen Français*, publiés par Anthonij Dees, Amsterdam, (Faux Titre 16), Rodopi, 1985, pp. 337-339.

J. Kjaer, « L'*Istoire de la Chastelaine du Vergier et de Tristan le Chevalier* (XVème siècle). Essai d'interprétation », *Revue Romane*, 23, 1988, pp. 260-282.

M. Malfait-Dotet, « Du chevalier anonyme 'li fin amant' au 'loial amy' Tristan : une évolution de l'écriture amoureuse du XIIIème au XVème siècle », in *La 'Fin Amor' dans la culture féodale*, éd. D. Buschinger et W. Spiewok, Greiswald, Reineke Verlag, 1994, pp. 97-107.

A. Negri, « A proposito de *La Chastelaine du Vergier* », *Francofonia*, XXII, 1992, pp. 143-157.

- *Généralités* :

L.A. Arrathoon, « The 'Compte en Viel Langaige' Behind *Heptaméron*, LX », *Romance Philology*, 30 : 1, 1976, pp. 192-199.

M. Bensi, « *La Châtelaine de Vergy*. Entre Marguerite de Navarre et Matteo Bandello », in *Du Pô à la Garonne*, Agen, Centre Matteo Bandello, 1990.

M. Bertaud, « Une *Chastelaine de Vergi* au crépuscule du XVIème siècle : la *Radegonde* de Du Souhait », in *Amour tragique, amour comique, de Bandello à Molière*, Paris, SEDES, 1989, pp. 29-50.

M. Charpentier, « De *La Chastelaine de Vergi* à la soixante-dixième nouvelle de l'Heptaméron , ou les métamorphoses de l'infinitif », *Revue régionaliste des Pyrénées*, 67, 1984, pp. 55-82.

L.E. Dabney, « A Sixteenth Century French Play Based On The *Chastelaine de Vergi* », *Modern Language Notes*, 48: 7, 1933, pp. 437-443.

J. Frappier, « *La Chastelaine de Vergi*, Marguerite de Navarre et Bandello », in *Du Moyen Age à la Renaissance : études d'histoire et de critique littéraire*, Paris, Champion, 1976, pp. 393-474.

M.-T. Gousset, *Eden. Le jardin médiéval à travers l'enluminure, XIIIè-XVIè siècle*, Paris, Albin Michel et Bibliothèque nationale de France, 2001.

L. Gross, « La *Chastelaine de Vergi* Carved in Ivory, *Viator*, 10, 1979, pp. 311-321.

A. Lerond, *Edition critique des oeuvres attribuées au Chastelain de Couci*, Paris, Presses Universitaires de France, 1963.

E. Lorenz et A.L. Stiefel, « Die *Chastelaine de Vergy* bei Margarete von Navarra und bei Matteo Bandello », *Zeitschrift für französische Sprache und Literatur*, 38, 1911, pp. 278-279.

Ph. Ménard, « Jardins et vergers dans la littérature médiévale », in *Jardins et vergers en Europe Occidentale (VIIIè-XVIIIè siècle)*, *Flaran*, 9, 1987, pp. 41-70.

A. Parancs, « L'ancienne histoire de *La Chastelaine de Vergi* et son adaptation par Marguerite de Navarre », *Revue d'Etudes Françaises*, 7, 2002, pp. 135-152.

N. Piguet, « De *La Chastelaine de Vergi* à Bandello. La dérive du tragique vers le romanesque », in *Amour tragique, amour comique, de Bandello à Molière*, Paris, SEDES, 1989, pp. 11-27.

G. Raynaud, « *La Chastelaine de Vergi* », *Romania*, 21, 1892, pp. 145-193.

E.R. Sienaert, « *La Chastelaine de Vergi* : vers et prose, conte et nouvelle », *French Studies in Southern Africa*, 14, 1985, pp. 9-17.

A.L. Stiefel, « Die *Chastelaine de Vergy* bei Margarete von Navarra und bei Matteo Bandello », *Zeitschrift für französische Sprache und Literatur*, 36, 1910, pp. 103-115.

R. Stuip, « *La Chastelaine de Vergy* du XIIème au XVIIIIème siècle », in *La Nouvelle : définitions, transformations*, Ed. Bernard Alluin et François Suard, Lille, Presses Universitaires de Lille, 1990, pp. 151-161.

R. Stuip et T.J. Van Tuijn, « Interférences entre *La Chastelaine de Vergy* et *Le Roman de la Rose* », *Neophilologus*, 70 : 3, 1986, pp. 469-471.

T. Tetel, « De *La Chastelaine de Vergy* à l'*Heptaméron*, 70, à Bandello IV, 5 : une réécriture », in *Du Pô à la Garonne*, Agen, Centre Matteo Bandello, 1990.

ANNEXES

Nous donnons ci-après quatre textes –deux extraits et deux complets– ; exemples, parmi d'autres, de la réécriture de *La Chastelaine de Vergi* ainsi que de la présence du couple d'amants dont elle relate les amours malheureuses après le XVème siècle. Le premier est extrait de l'imprimé de 1540, cette « moralité » intitulée *La chastelaine du vergier. Livre d'amour du chevalier et de la chastellaine du vergier comprenant l'estat de leur amour et comment elle fut continuee jusques a mort* ; le second est le début de la soixante dixième nouvelle de l'*Heptaméron* de Marguerite de Navarre. Nous nous limitons, dans ces deux cas, à ne citer qu'un extrait : du début du texte à la déclaration que fait la duchesse au chevalier. La raison en est simple : nous préparons une nouvelle édition de l'imprimé de 1540[81] ; l'*Heptaméron* est accessible dans diverses éditions[82]. En revanche, nous donnons *in extenso* les deux autres textes, car ceux-ci sont assez difficiles d'accès. Il s'agit, pour le premier, d'un texte anonyme en vers intitulé *Les amours infortunés de Gabrielle de Vergy et de Raoul de Coucy* qui date de 1752 ; le second, également en vers et dont l'auteur est Gabriel Mailhol, a pour titre *Lettre de Gabrielle de Vergy à la comtesse de Raoul, sœur de Raoul de Coucy* et paraît en 1766[83].

Ces deux pièces ont la particularité –comme ce sera, du reste, le cas de tous les autres textes de la même époque qui traite du couple Coucy/Vergy, de « perpétuer une confusion entre deux matières à l'origine bien distincte »[84] : *La Chastelaine de Vergi*

---

[81] Ce texte a été imprimé une première fois par R. Stuip, *La Châtelaine de Vergy*, *op. cit.*, pp. 118-181.

[82] On pourra consulter, parmi d'autres, les éditions suivantes : *L'Heptaméron des nouvelles de très haute et très illustre princesse Marguerite d'Angoulême, reine de Navarre*, nouvelle édition par P.L. Jacob, Paris, Adolphe Delahays éditeur, 1958 ; M. de Navarre, *L'Heptaméron*, éd. Michel François, Paris, Garnier Frères, 1943 ; M. de Navarre, *L'Heptaméron*, éd. Renja Salmien, Genève, Droz, 1999 et *L'Heptaméron de Marguerite de Navarre*, éd. Nicole Cazauran, Paris, SEDES, 1977.

[83] *Lettre en vers de Gabrielle de Vergy, à la comtesse de Raoul sœur de Raoul de Coucy par M. Mailhol ; suivie de la Romance sur les Amours infortunés de Gabrielle de Vergy et de Raoul de Coucy*, A Paris, chez la Veuve Duchesne, 1766, pp. 13-24 et 25-32.

[84] R. Stuip, « La *Chastelaine de Vergy* du XIIème au XVIIIème siècle », *op. cit.*, p. 192.

d'une part ; le *Roman du châtelain de Coucy et de la dame Fayel* d'autre part.

Livre d'amours du chevalier et de la dame chastellaine du vergier, comprenant l'estat de leur amour et comment elle fut continuee jusques a la mort (1540)

La complainte et louenge que faict le chevalier de sa dame chastellaine du verger.

	Entré suis en melencollye
	D'amours et de leur doulce vie,
	Car jamais en nulle saison
	Ne veis que gens ayans raison,
5	Comme dames et chevaliers,
	Jolys clers, et beaux escuyers,
	Fillettes moult bien gracieuses,
	Et pucelettes amoureuses,
	Remplis de responces, et beaulx ditz.
10	Par eulx ne sont point nulz lais ditz,
	En eulx est toute courtoisie,
	Toute doulceur sans villennie
	En acomplissant leur advis
	Par leurs beaulx regardz et doulx ris,

15 Car doulx regard et ris joyeulx
Sont aux amantz delicieux.
Mais il fault tout premierement
Que ce soit faict celeement,
Car vray amant perd bien sa mye
20 Par faulx rapport et plains d'envye,
Qui envenime et qui embouche
Par jalousie et male bouche,
Tant qu'il convient par desconfort
Aux vrays amantz souffrir la mort.
25 Pourtant supplie au Dieu d'Amours
Qu'il confonde tous faulx jaloux,
Tous envieulx, tous mesdisans
Qui vont sur amantz mesdisans
Et leur font souffrir trop d'ennuytz
30 Par leur faulx parler, jours et nuitz ;
Aux vrays amantz face secours
Et leur doint joye de leurs amours,
Car sans ce, vivre ne pourroit
Nul vray amant qui aymeroit
35 Dames de cueur loyallement,
Sans penser en mal nullement.
Amours les vrays amantz faict vivre
Par l'esperance [qu'il][85] leur livre,
Car l'esperance les conforte
40 Et le vray talent leur apporte
De leurs cueurs a martyre offrir.
Esperance les faict souffrir
Les maulx dont on ne scet le compte,
Pour la joye qui les surmonte,
45 Si vouldroye doresnavant
Le Dieu d'Amours entierement
Craindre, servir, aymer, querir,
Honnorer, doubter, requerir,
Qu'il me vueille joye donner
50 De mes amours, et consoler,
Car point n'a soubz le firmament
Plus belle, ne plus advenant

---

[85] L'e. *qui* l. corr.

Qu'est celle en qui j'ay mon cueur mis
A la servir me suis submis,
55 Comme a elle bien appartient.
En elle tout bien se contient,
Tout honneur, et toute beaulté,
Loyalle en cueur, en feaulté,
Les cheveulx blondeletz et longz,
60 Aussi doulcette que coulons,
Fronc reluysant, sourcilz voultiz,
Les yeulx luysantz, beaulx et petis.
Elle a les joues vermeillettes
Et si a riante bouchette,
65 Le corps bien faict, et par droicture[86]
Elle est assez grand par mesure.
Je ne sçauroye en nulle terre
De plus beau corps de femme querre.
Quant d'elle bien je me remembre
70 De la façon de chascun membre,
Je croy que soubz le firmament
On ne sçauroit aucunement
Trouver plus belle et gratieuse.
En tous ses faictz elle est joyeuse
75 Plus que nulle qui soit au monde,
En elle trestout bien habonde,
Haulte dame est, et honnoree
De toute noblesse paree,
Elle est niepce de mon seignour.
80 Prier ne l'oseroye d'amour,
De paour que ne soye esconduyt,
Mais touteffoys, sans contredit,
Il fault que mon cas elle sache,
Ou autrement je seroye lasche
85 Se a elle ne me declairoye.
Helas, vray Dieu, je n'oseroye
Parler a elle, par mon ame !
S'esconduyt suis, je suis infame
Et en dangier de desespoir.
90 Non pourtant, certes, j'ay espoir

---

[86] Entre ce vers et le suivant, nous en trouvons un supeflu : « Tres bien faict par bonne mesure ».

	Que d'elle receu je seray,
	Tout droict a elle m'en iray.
	Quant certes mourir j'en debvroye,
	A elle m'en voys droicte voye.
95	J'ay mainteffoys ouÿ compter
	Que nul homme ne doibt doubter
	A prier d'amours, ou de jeux,
	Dames d'honneur, ou de haulx lieux,
	Car tant est de plus noble affaire
100	Et plus tost luy doibt il plaire
	De descouvrir sa volunté
	A son amy, en verité,
	A elle m'en voys vistement.

Comment le chevalier entra dedans le vergier, et comment il salua la dame, la requerant d'estre sa loyalle amy sans deshonneur.

Le chevalier

	Celluy qui fist le firmament
105	Vous doint honneur et vie saine,
	Ma chere dame souveraine,
	Joyeulx je suis quant je vous voy.

La dame du verger

      Trop hardy estes, en bonne foy,
      D'avoir entré en ce vergier,
110 Pourtant ce estes, chevalier,
      Se mon oncle vous y trouvoit
      Vistement pendre vous feroit.
      Mis vous estes en grand dangier,
      Car dame suis de ce vergier.
115 Je vous prie, pour Dieu mercy,
      Que vistement saillez d'icy
      Et que tantost vous en allez.

Le chevalier

      Ma dame, puis que le voulez
      Tresvoluntiers je m'en iray,
120 Mais s'il vous plaist, je vous diray
      Avant que parte, ma pensee,
      Ma chere dame honnoree,
      Mais qu'il ne vous vueille desplaire.

La dame

      Voluntiers vous vouldroye plaire,
125 Mais a vous je n'ose parler,
      Perdue seroye sans tarder
      S'a vous parlant trouvee estoye,
      De mon oncle grand noyse auroye,
      Car nuict et jour me faict garder
130 Que nul ne puisse a moy parler,
      Mais je vous prie doulcement
      Que me vueillez dire comment
      Icy dedans vous estes entré.

Le chevalier

      Helas ma dame, en verité,
135 Voluntiers je le vous diroye,
      Mais, par ma foy, je n'oseroye,
      Vous estes si tres belle dame
      Que vous passez beaulté de femme,
      Dame vous estes du vergier

140	Dont vous estes moult a priser.
	Sur toutes estes advenant,
	Saige, courtoyse, et bien sçavant
	De doulceur, et de debonnaireté,
	De grand valeur, et de bonté.
145	Et moy je suis ung triste homs
	Qui ay des maulx a millions.
	Bien sçay que tost perdray la vie,
	Car Fortune me contarie
	Je vis en tres grand desconfort,
150	Bien souvent regretant la mort.
	Pieça feusse mort sans doubtance,
	Se ce ne fust bonne esperance
	Qui mon paovre cueur tient en vie
	Et deffiner ne laisse mye.
155	Si redoubte fort l'esconduyre,
	Parquoy je ne vous ose dire
	La volunté de mon couraige.
	Helas, dame de hault paraige,
	En rien ne vous vueille desplaire.

La dame

160	Pour certain, chevalier, desplaire
	Ne m'en pourroit aucunement.
	Mais que je sceusse vrayement
	Que mon oncle vostre venue
	Ne sceust, et que ne feusse veue.
165	Vous dictes que ne me osez dire
	Vostre pensee, car l'esconduyre
	Vous craignez, et ne sçay pourquoy.
	Congé vous donne en bonne foy
	De me dire vostre couraige,
170	De moy vous n'en aurez dommaige,
	Dictes tout a vostre loysir.

Le chevalier

	Ma dame, et puis que a plaisir
	Vous vient, de vostre noblesse,
	Tous vous diray ce qui me blesse,
175	Dont au cueur me touche forment.
	Je vous supplie humblement

	Chere dame, par courtoysie,
	Que me pardonnez ma follie,
	Et que n'en ayez aucune yre,
180	Force d'Amours le me faict dire.
	Il y a sept ans acomplis
	Que de vostre amour suis remplis,
	Et me destruict si rudement
	Que bien vous dy certainement :
185	Se je n'ay aucun bon confort
	Faillir je ne peultz a la mort.
	Helaz ! Souffrez que je vous ayme,
	Et que pour ma dame vous clame.
	De ce me pouez desdire
190	Ne deffendre, ne contredire.
	Certes, ma dame, bien sçavez
	Que despriser ne m'en debvez,
	Car, par tous les corps sainctz du monde,
	Dame, qui estes nette et munde,
195	Vous jure et prometz loyallement
	D'acomplir tout vostre comment.
	Comme vray amant vous supply
	Que me recepvez pour amy,
	Ou vostre homme a tout le moins
200	Prest suis de vous jurer sur sainctz
	Que la vostre amour sans faulcer
	Loyaulment vouldroye garder.
	Pourquoy, las, ne la garderoye,
	Car je n'ay nul soulas ne joye
205	Fors de vostre amour. Doulce amye,
	En vostre main tenez ma vie,
	Toute ma joye et mon confort,[87]
	Et d'autre par tenez ma mort :
	J'auray lequel qu'il vous plaira.
210	Mais se Dieu plaist point n'adviendra
	Que si tres belle dame face
	Chose dont le monde le sache.
	Se la mort vous m'aviez donnee
	A droict vous en seriez blasmee,

---

[87] Ce vers et le suivant sont inversés dans l'imprimé.

215	Car on diroit en verité
	Que trop avez grant cruaulté
	De laisser mourir vostre amy
	Sans le vouloir prendre a mercy.
	Mon cueur, mon corps, ma volunté
220	Je submetz a vostre bonté ;
	Vous estes mon cueur, mon confort,
	Mon desduyt, et tout mon desport,
	Ma joye, aussi ma lyesse,
	M'amour, mon plaisir. Ma maistresse,
225	Quant je pense a vostre doulx viz,
	Voz doulx regardz et vos doulx ris,
	En mon cueur j'ay tres grand joye
	Qu'a nul dire ne l'oseroye.
	Et pour ce sa peine perdroit
230	L'amant qui dechassé seroit
	De l'amour qui fort le tourmente.
	Par quoy vous dy, ma dame gente,
	Que se de vous je n'ay confort
	Briefvement j'en recepvray mort,
235	Dont après serez dolente.

La dame

	Chevalier, oyez mon entente :
	De me parler ce langaige
	Point je ne vous trouve saige,
	Car on ne doibt mye muser
240	En lieu ou l'on veult abuser.
	Pour ce vous pry par courtoysie :
	Ne me requerez villennie,
	Allez ailleurs vous enquerir
	Ou vous pourrez amye querir,
245	Point en moy ne l'avez trouvee,
	Car je seroys deshonnoree.
	Trop je redoubte le parler
	D'aucuns, qui se veullent vanter,
	Car incontinent que faict ont
250	Tout leur plaisir, tantost le vont
	Reveller a l'ung et a l'autre.
	Par quoy vous dy sans nulle faulte
	Qu'on ne ce scet en qui fier.

Le chevalier

     Ma dame, voulez vous cuider
255   Que envers vous face ne die
     Chose qui vienne a villennie,
     A blasmer, ny a reprocher ?
     Plustost me laisseroye noyer !
     De telz, certes, je ne suis mye,
260   Qui se vantent de leurs follies
     Quant ilz ont faict leur volunté
     De leurs dames, plains de bonté.
     Pensez qu'il est plain de rudesse
     Qui trahist ainsi sa maistresse.
265   Par ung desloyal sont mescruz
     Cent loyaulx, et par luy perdus
     Leur temps, leur sens, et leur avoir.
     A vous le puis je bien sçavoir.
     Dame, jamais ne le feroye.
270   Faulx venteur, certes, je seroye
     Quant je vouldroye cela faire.
     Plustost mes dentz laisseroys traire
     Que de vous, certes, me ventasse
     Ne envers vous d'amours jenglasse.
275   Sachez pour certain, sans faulcer,
     Que de ce ne vous fault doubter,
     J'aymeroye plus cher mourir
     Que aucunement descouvrir
     Le secret d'entre vous et moy.
280   Par quoi vous pry en bonne foy
     Qu'il vous plaise moy esprouver.
     Vostre amour vouldroye recouvrer,
     Et estre vostre doulx amy.

La dame

     Beau chevalier, je vous em pry,
285   Ne me requerez villennie,
     Mais faictes d'autre part amye,
     Car tantost l'aurez belle et gente
     Se mettre y voulez vostre entente.
     Vous estes beau, doulx et poly,
290   Saige, courtoys et bien joly,
     Digne vous estes d'estre aymé

Et aussi d'estre amy clamé.
Par quoy je vous vouldroye prier
Que ne me vueillez engigner,
295 S'ainsi est que m'amour vous donne.

Le chevalier

Helas, ma dame chere et bonne,
De certain croyez fermement :
Mourir vouldroys cruellement
Avant que je vous feisse tort.
300 Vous estes mon cueur, mon confort,
Mon soulas, et toute joye.

La dame

Chevalier, mon cueur si larmoye
Quant vous entendz ainsi parler,
Ne pensez point a vous galler
305 Envers moy, puis vous en mocquer,
Se vostre amour veulx colloquer
En mon cueur pour vostre plaisir.
Je vous prie que desplaisir
Ne m'en adviegne aucunement,
310 Car je vous jure bon serment
Et le sacrement de baptesme,
Autant vous ayme que moy mesme !
Longtemps a que vous ay donné
Tout mon cueur, et habandonné,
315 Mais je ne m'osoye descouvrir
A vous, de paour d'encourir
A la vostre indignation.
J'ay de vous grand compassion,
Car en amour a doulce vie,
320 Plaisir, deduyt et courtoysie,
Et toute doulceur, sans mentir,
Fors quant se vient au departir.
Toutes les foys [qu'il][88] m'en souvient
Grand desplaisance au cueur me vient,

---

[88] f. *qui* m'. corr.

325 Car sans aymer je ne pourroye
Avoir au cueur soulas et joye.
Si n'euz oncques amy par amour,
Dont j'ay au cueur fort grant doulour,
Et en suis malade forment,
330 Et nuict et jour certainement,
Fors vous, je vous jure mon ame,
Dont bien souvent le cueur me pasme.
Et si ne fust le doulx espoir
Qui me garde de son pouoir,
335 Et tous les vrays amantz conforte,
Certes, je feusse pieça morte :
Plus de moy il ne fust nouvelle.

Le chevalier

Ma gratieuse damoyselle,
Joyeulx suis de vostre parler,
340 Si vous requiers que appeller
Me vueillez pour le vostre amy.

La dame

Le cueur seroit bien endormy
Qui a ce vous reffuseroit,
Mais dictes moy s'il vous plaisoit
345 Que je feusse la vostre amye.
Et je vous promectz que en ma vie
Je n'aymeray autre que vous.

Le chevalier

Certes, ma dame, a tousjours
Seray vostre loyal servant.
350 Mais tenez moy vray convenant,
Et je vous promectz sur ma vie
Que jamais n'auray autre amye.
Je vous le promectz et le jure.

La dame

Pour Dieu, point ne soyez parjure,
355 Monstrez vous estre noble en cueur.
De m'amour estes possesseur

Sans nulle contrarieté.
Faictes a vostre volunté.
Certes a vous je suis donnee.

Le chevalier

360 Ma chere dame honnoree
Je vous mercye humblement.
Mon cueur, mon corps, tout en present
Je vous donne sans nul diffame,
Et si vous jure sur mon ame
365 Que loyaulment vous serviray
A tousjours, tant que je vivray ;
Je vous promectz par mon serment.

La dame

Je vous prie amoureusement
Que nostre amour ne revelez
370 A nulluy, mais bien le celez,
Car je vous faitz serment loyal
Que ce vous estes desloyal
Vers moy, par Dieu, le filz Marie,
Vous aurez perdu vostre amye.
375 Et si sachez, par [desconfort][89],
Que recepvoir m'en fauldra mort.
Je vous pry ne le dictes mye.

Le chevalier

Ma tres chere dame et amye,
Voicy ma foy, je la vous baille.
380 Je vous promectz, comment qu'il aille,
Que mieulx aymeroye mourir
Que point nostre amour descouvrir,
Par quoy ne soyez en doubtance
Que jamais en face semblance.

---

[89] p. *descoufort*, corr.

385 Il nous fauldra trouver la voye
Comment demenrons nostre joye,
Et a quelle heure je viendray.

La dame

J'ay ung chiennet que j'apprendray.
Quant le verrez en ce vergier,
390 Venez tost vers moy, sans dangier.
Adoncques vous pourrez sçavoir
Qu'avecq moy ne peult nul avoir.
Ainsi deduyrons noz amours,
Mon bel amy, le voulez vous,
395 Est ce bien vostre volunté ?

Le chevalier

Ouy ma dame, en verité,
Vostre vouloir si est le mien,
Vous ne dictes sinon que bien.
Il seroit temps de s'en aller
400 Ma dame, car j'ay a parler
A la duchesse en cestuy jour.
Je vous supply, par doulce amour,
Que me donnez ung doulx baiser.
Le soleil se prend a baisser,
405 Et que j'aye congé de vous.

La dame

A Dieu, mon amy, soyez vous,
Souvienne vous souvent de moy.

Le chevalier

Ma chere dame, je l'octroy,
Jamais en mon cueur n'auray joye
410 Jusques a tant que vous revoye.
A Dieu, ma dame, vous comment.

Comment la duchesse envoye son messagier querir le chevalier.

        Sa messagier, venez avant,
        Allez tost, sans faire sejour,
        Parler au chevalier d'honnour,
415   Et luy dictes sans demeure
        Qu'a moy vienne parler en l'heure.
        Et faictes tost vostre messaige.

        Le messager

        Dame, j'entendz vostre couraige,
        Par quoy en sçauray mieulx parler.
420   Advancer me veulx d'y aller,
        Vistement me voys mettre en voye.

        Se Dieu me donne au cueur joye,
        Je le voy, sans point varier :
        Sire, Jesus le droicturier
425   Vous doint aujourd'huy tres bon jour !
        Ma dame, sans point de sejour,
        A vous, sire, se recommande,
        Et aussi de par moy vous mande
        Que venez a elle parler.

Le chevalier

430 Je ne le doy pas reffuser,
Aller y veulx sans nul demeure.
Mais se vous sçavez en bonne heure
Qu'elle me veult, dictes le moy.

Le messagier

Je ne sçay sire, par ma foy,
435 Elle vous mande vistement.

Le chevalier

A elle voys appertement,
Messagier, allez luy tost dire.

Le messagier

Je le feray sans contredire.
Chevalier, a Dieu vous command,
440 Aller me fault diligemment
Sans point faire aucun arrest.

Dame, le chevalier est prest,
Tost sera icy, sans demeure.

Le chevalier

Honneur vous doint Dieu, et bon jour
445 Dame. Devers vous suis venu
Pour entendre le contenu
De tout ce qu'avez a plaisir.

Comment la duchesse prie le chevalier d'amour desordonnee, lequel s'excuse honnestement.

       Certes, j'avoye grand desir
       De parler a vous de secret,
450   Et de vous dire tout mon faict.
       Il est vray que ja longtemps a
       Que aucunement parlé on m'a
       De vous mettre en mariage.
       Vous estes homme de hault paraige,
455   Doulx, gracieulx, bien [advenant][90],
       Comme l'on dit communement,
       Dont je loue Dieu et mercy.
       Si avez moult bien desservy
       D'avoir en ung hault lieu amye

         Le chevalier

460   Ma dame, certes, je n'ay mye
       Encore a ce mise mon entente.

---

[90] b. *adnenant*, corr.

La duchesse

Chevalier, certes, longue attente
Vous pourroit nuyre, a mon advis.
Se me croyez vous serez mis
465 En ung hault lieu, se vous voulez,
Ou vous serez tres bien aymez.
Je le vous dy en bonne foy.

Le chevalier

Ma dame, je ne sçay pourquoy
Le me dictes, ne que ce monte,
470 Car je ne suis ne duc ne conte
Qui si haultement aymer doye.
Ne je ne suis point homs qui doye
Dame avoir si tres souveraine.

La duchesse

Se vous y eussiez mise peine
475 Bien eussiez eue ma pareille.
Il advient bien plus grand merveille,
Et telles viendront bien encores !
Or escoutez en brief parolles :
Se je vous ay m'amour donnee,
480 Qui suis haulte dame honnoree,
Seriez vous pas bien esbahy ?

Le chevalier

Certes, ma dame, ouy.
Bien je vouldroye vostre amour
Avoir, pour bien et pour honnour.
485 Mais Dieu de faulce amour me gard,
Et que je n'ayme nulle part
Ou la honte mon seigneur gise.
Car a nul feur n'en nulle guise
Je ne prendroys nulle achoyson
490 Que de faire telle mesprison
Envers mon seigneur natural :

Tousjours luy veulx estre loyal.
Jesus m'en gard, le filz Marie.

La duchesse

Edea, musard, qui vous en prie ?
495 Vuydez tantost appertement
Et vous en allez vistement,
Car vous estes faulx chevalier.

Le chevalier

Dame, mercy je vous requier,
Point ne le disoye pour mal.

La duchesse

500 Traystre vous estes et desloyal,
Allez hors de ma compaignie.
Vous ne pensez qu'a villennie,
Dont je suis fort desconfortee.
Mais devant [qu'il]⁹¹ soit la nuictee
505 Serez en vostre cueur marry,
Dire le voys a mon mary.
Bien je sçay, quant il le sçaura,
En son cueur courroucé sera
Quant me verra ainsi troublee.

---

⁹¹ d. *qui* s. corr.

Marguerite de Navarre, Soixante dixiesme nouvelle de l'*Héptaméron* (1559)[92]

En la duché de Bourgongne, y avoit ung duc, très honneste et beau prince, aiant espousé une femme, dont la beaulté le contentoit si fort, qu'elle luy faisoit ignorer ses conditions, tant, qu'il ne regardoit que a luy complaire ; ce qu'elle faingnoit très bien luy rendre. Or avoit le duc en sa maison ung gentil homme, tout accomply de toutes les perfections que l'on peut demander a l'homme, qu'il estoit de tous aymé, et principallement du duc, qui dès son enfance l'avoit nourry près sa personne ; et, le voiant si bien conditionné, l'aymoit parfaictement et se confyoit en luy de toutes les affaires, que selon son aage il povoit entendre. La duchesse, qui n'avoit pas le cueur de femme et princesse vertueuse, ne se contantant de l'amour que son mary luy portoit, et du bon traictement qu'elle avoit de luy, regardoit souvent ce gentil homme, et le trovoit tant a son gré, qu'elle l'aymoit oultre raison ; ce que a toute heure mectoit peyne de luy faire entendre, tant par regardz piteux et doulx, que par souspirs et contenances passionnés. Mais le gentil homme, qui jamais n'avoit estudyé que a la vertu, ne povoit congnoistre le vice en une dame qui en avoit si peu d'occasion ; tellement que œillades et mynes de ceste pauvre folle n'apportoient aultre fruict que ung furieux desespoir : lequel, ung jour, la poussa tant, que, obliant qu'elle estoit femme qui debvoit estre priee et refuser, princesse qui debvoit estre adoree, desdaignant telz serviteurs, print le cueur d'un homme transporté, pour descharger le feu qui estoit importable. Et, ainsy que son mary alloit au conseil, ou le gentil homme, pour sa jeunesse, n'estoit point, luy fit signe qu'il vint devers elle ; ce qu'il feit, pensant qu'elle eust a luy commander quelque chose. Mais, en s'appuyant sur son bras, comme femme lasse de trop de repos, le mena pourmener en une gallerie, ou elle luy dist : « Je m'esbahys de vous, qui estes tant beau, jeune et tant plain de toute bonne grace, comme vous avez vescu en ceste compaignye, ou il y a si grand nombre de belles dames, sans que jamais vous ayez esté amoureux

---

[92] Extrait de : *L'Heptaméron des nouvelles de très haute et très illustre princesse Marguerite d'Angoulème, reine de Navarre*, nouvelle édition par P.L. Jacob, Paris, Adolphe Delahays éditeur, 1958, pp. 532-536.

ou serviteur d'aucune ? » Et en le regardant du meilleur œil qu'elle povoit, se teut, pour luy donner lieu de dire : « Madame, si j'estois digne que vostre haultesse se peust abbaisser a penser a moy, ce vous seroit plus d'occasion d'esbahissement de veoir ung homme, si indigne d'estre aymé que moy, presenter son service, pour en avoir refuz ou mocquerie. » La duchesse, ayant oÿ ceste sage response, l'ayma plus fort que paravant, et luy jura qu'il n'y avoit dame en sa court, qui ne fut trop heureuse d'avoir ung tel serviteur ; et qu'il se povoit bien essayer telle advanture, car sans peril il en sortiroit a son honneur. Le gentil homme tenoit tousjours les oeils baissez, n'osant regarder ses contenances qui estoient assez ardantes pour faire brusler une glace ; et ainsy qu'il se vouloit excuser, le duc demanda la duchesse pour quelque affaire, au conseil, qui luy touchoit, ou avec grand regret elle alla. Mais le gentil homme ne feit jamais ung seul semblant d'avoir entendu parolle qu'elle luy eust dicte ; dont elle estoit si troublee et faschee, qu'elle n'en sçavoit a qui donner le tort de son ennuy, sinon a la sotte craincte, dont elle estimoit le gentil homme trop plain. Peu de jours après, voyant qu'il n'entendoit point son langaige, se delibera de ne regarder craincte ny honte, mais luy declarer sa fantaisye, se tenant seure, que une telle beaulté que la sienne ne porroit estre que bien receue ; mais elle eust bien desiré d'avoir eu l'honneur d'estre priee. Toutesfois, laissa l'honneur a part, pour le plaisir ; et, après avoir tenté par plusieurs foys de luy tenir semblables propos que le premier, et n'y trouvant nulle response a son gré, le tira ung jour par la manche et luy dist qu'elle avoit a parler a luy d'affaires d'importance. Le gentil homme, avec l'humilité et reverance qu'il luy debvoit, s'en va devers elle en une profonde fenestre ou elle s'estoit retiree. Et, quand elle veid que nul de la chambre ne la povoit veoir, avecq une voix tremblante, contraincte entre le desir et la craincte, luy va continuer les premiers propos, le reprenant de ce qu'il n'avoit encores choisy quelque dame en sa compaignye, l'asseurant que, en quelque lieu que ce fust, luy ayderoit d'avoir bon traictement. Le gentil homme, non moins fasché que estonné de ses parolles, luy respondit : « Ma dame, j'ay le cueur si bon, que, si j'estois une foys refusé, je n'aurois jamais joye en ce monde : et je me sens tel, qu'il n'y a dame en ceste court qui daignast accepter mon service. » La duchesse, rougissant, pensant qu'il ne tenoit plus à rien qu'il ne fust vaincu, luy jura que, s'il voulloit, elle sçavoit la plus belle dame de sa compaignye qui le recepvroit a grand joye et dont il auroit parfaict contentement. « Helas, ma dame, je ne croy pas qu'il y ait si malheureuse et aveugle femme en ceste compaignye, qui me ait trouvé a son gré ! » La duchesse, voiant qu'il ne vouloit entendre, luy va entrouvrir le voille de sa passion ; et, pour la craincte que luy donnoit la vertu du gentil homme, parla par maniere d'interrogation, luy disant : « Si Fortune vous avoit tant favorisé que ce fut moy qui vous portast ceste bonne volunté, que diriez-vous ? » Le gentil homme, qui pensoit songer, d'oÿr une telle parolle, luy dist, le genoulx a terre : « Madame, quand Dieu me fera la grace d'avoir celle du duc mon maistre et de vous, je me tiendray le plus heureux du monde, car c'est la recompense que je demande de mon loial service, comme celluy qui plus que nul autre est obligé a mectre la vie pour le service de vous deux ; estant seur, ma dame, que l'amour que vous portez a mon dict seigneur est accompagnee de telle chasteté et grandeur, que non pas moy qui ne suis que ung ver de terre, mais le plus grand prince et parfaict homme que l'on sçauroit trouver ne sçauroit empescher l'unyon de vous et de mon dict seigneur. Et quant a moy, il m'a nourry dès mon enfance et m'a faict tel que je suis ; parquoy il ne sçauroit avoir femme, fille, seur ou mere, desquelles, pour mourir, je voulsisse avoir autre pensee que doibt a son maistre un loial et fidele serviteur. » La duchesse ne le laissa pas passer oultre, et, voiant qu'elle estoit en danger d'un refuz deshonorable, lui rompit soubdain son propos, en luy disant : « O meschant, glorieux et fol, et qui est-ce qui vous en prie ? Cuydez-vous, par vostre beauté, estre aymé des mouches qui vollent ? Mais, si vous estiez si oultrecuydé de vous addresser a moy, je vous monstrerois que je n'ayme et ne veulx aymer aultre que mon mary : et les propos que je vous ay tenu n'ont esté que pour passer mon temps a sçavoir de voz nouvelles, et m'en mocquer comme je fais des sotz amoureux. – Ma dame, dist le gentil homme, je l'ay creu et croy comme vous le dictes. » Lors, sans l'escouter plus avant, s'en alla hastivement en sa chambre, et voiant qu'elle estoit suivye de ses dames, entra en son cabinet ou elle feit ung deuil qui ne se peut racompter ; car, d'ung costé, l'amour ou elle avoit failly luy donna une tristesse mortelle ; d'autre costé, le despit, tant contre elle d'avoir commencé ung si sot propos, que contre luy d'avoir si saigement respondu, la mectoit en une telle furie, que une heure se vouloit deffaire, l'autre elle vouloit vivre pour se venger de celluy qu'elle tenoit son mortel ennemy. »

Les amours infortunés de Gabrielle de Vergy et de Raoul de Coucy, **par M. le duc de *** (1752)**

   Hélas ! Qui pourra jamais croire
   L'amour de Raoul de Coucy ?
   Hélas ! Qui ne plaindra l'histoire
   De Gabrielle de Vergy ?
5 Tous deux s'aimerent dès l'enfance :
   Mais le sort injuste et jaloux
   L'avoit mise sous la puissance
   D'un cruel et barbare époux.

   Fayel, époux de Gabrielle,
10 Tourmenté de jaloux soupçons,
   Avoit enfermé cette belle
   Dans les plus affreuses prisons.
   Tout amant étoit redoutable ;
   Mais surtout Coucy l'allarmoit :
15 Et Gabrielle fut coupable,
   Dès qu'il sçut que Coucy l'aimoit.

   Elle employoit en vain les larmes
   Pour parvenir à le calmer :
   Ni sa jeunesse, ni ses charmes,
20 Rien ne pouvoit le désarmer.
   Quel est mon crime ? disoit-elle ;
   L'innocence devroit toucher :
   Je suis et je serai fidelle ;
   Qu'avez-vous à me reprocher ?

25 Partage les maux que j'endure,
   Répondoit l'inflexible époux.
   J'ai tout appris. Crois-tu, parjure,
   Eviter un juste courroux ?
   Coucy n'a que trop sçu te plaire ;
30 Et bientôt je m'en vengerai.

Ce nom allume ma colere ;
Mais de son sang je l'éteindrai.

Cependant Coucy, le modele
Des vrais et parfaits Amans,
35 Ayant appris de Gabrielle
Et la prison, et les tourmens,
Par un effort, que l'amour même
N'approuva pas, sans en frémir,
Des lieux qu'habite ce qu'il aime
40 Il résolut de se bannir.

Je vais, dit-il, par mon absence
Calmer le barbare Fayel ;
Je quitte pour jamais la France.
Ah ! Que ce départ est cruel !
45 N'importe ; je me sacrifie
Au cher objet de mes amours ;
Trop heureux en perdant la vie
Si je conserve ses beaux jours !

Il part, et va joindre l'armée
50 Dans les pays les plus lointains.
Elle étoit alors occupée
A combattre les Sarrasins.
Il se met d'abord à la tête
De deux cents chevaliers choisis :
55 Avec leur secours il arrête
Tous les efforts des ennemis.

L'amour, le désespoir, la rage,
Tour à tour animant son cœur,
Redoubloient encor son courage :
60 Enfin il revenoit vainqueur :
Quand d'une blessure cruelle
Il se sent déchirer le flanc.
Frappé d'une atteinte mortelle
Il tombe baigné dans son sang.

65	Alors, sentant sa fin prochaine,
	Il demande son écuyer.
	D'une main, qu'il conduit à peine,
	Il écrit sur son bouclier.
	Monlac arrive tout en larmes :
70	Ne plains point, dit-il, mon destin ;
	Plains plutôt celle dont les charmes
	N'ont pu fléchir un inhumain.

	Apprends ma volonté suprême ;
	Tes soins seront récompensés.
75	Porte mon cœur à ce que j'aime
	Avec ces mots que j'ai tracés.
	Je remets ce soin à ton zèle …
	Il expire, et prononce encor
	Le nom chéri de Gabrielle
80	Jusques dans les bras de la mort.

	Victime de l'obéissance,
	Monlac ayant exécuté
	D'un maître adoré dès l'enfance
	La triste et tendre volonté,
85	S'embarque à l'instant pour le France.
	Il arrive près du château
	Du tyran, qui sous sa puissance
	Renfermoit l'objet le plus beau.

	Seul confident de l'entreprise,
90	Il attend un heureux moment.
	Avec grand soin il se déguise
	Pour réussir plus sûrement :
	Quant Fayel, que l'inquiétude
	Ne laissoit jamais en repos,
95	Le voit près de sa solitude,
	Le prend pour un de ses rivaux.

	Il l'arrête, et croit le connoître :
	Il le perce de mille coups.

Craignant tout des projets du maître ;
100 Rien n'échappe à ses yeux jaloux.
Quel plaisir enivre son âme !
Il voit le cœur, il en jouit :
Quel coup funeste pour sa flâme !
Il lit la lettre, il en frémit.

105 Dès qu'il les eut en sa puissance,
N'écoutant plus que sa fureur,
De la plus barbare vengeance
Il médite en secret l'horreur.
La sombre et pâle jalousie,
110 Ce monstre suivi de regrets,
Pour venger sa flâme trahie.
Lui souffle les plus noirs projets.

Il goûte déjà par avance
Les douceurs qu'elle lui promet.
115 De cette flatteuse espérance
Il craint de retarder l'effet.
Je veux, dit-il, que, l'imposture
Cachant l'affreuse vérité,
Ce cœur aimé de la parjure
120 Comme un mets lui soit présenté.

On obéit ; et l'heure arrive
Où l'on sert ce repas cruel.
Gabrielle triste et craintive
Appoche en tremblant de Fayel.
125 Pour hâter l'instant qu'il espere
Il offre, il presse ; elle se rend.
Ce mets, dit-il, a dû te plaire ;
Car c'est le cœur de ton amant.

Elle tombe sans connoissance.
130 Fayel, que la fureur conduit,
Craignant de perdre sa vengeance,
La rappelle au jour qu'elle fuit.

    Juste ciel ! Quelle barbarie !
    S'écria-t-elle avec effroi …
135 Moindre encor que ta perfidie :
    Vois cette lettre, et juge-toi.

    Il lui commande de la lire ;
    L'observant toujours avec soin.
    Il croit adoucir son martyre,
140 Si de sa honte il est témoin.
    Elle prend d'une main tremblante
    L'écrit qui doit combler ses maux ;
    Et d'une voix foible et mourante
    Prononce avec peine ces mots :

145 « Bientôt je vais cesser de vivre,
    Sans cesser de vous adorer ;
    Content si ma mort vous délivre
    Des maux qu'on vous fait endurer.
    Elle n'a rien qui m'épouvante ;
150 Sans vous, la vie est sans attraits.
    Un regret pourtant me tourmente ;
    Quoi ! Je ne vous verrai jamais !

    Recevez mon cœur comme gage
    Du plus vif, du plus tendre amour.
155 De ce triste et nouvel hommage
    J'ose espérer quelque retour.
    Daignez l'honorer de vos larmes.
    Qu'il vous rappelle mes malheurs.
    Cet espoir a pour moi des charmes.
160 Je vous adore. Adieu : je meurs. »

    Elle veut répéter encore
    Des mots si tendres, si touchans :
    En prononçant, *je vous adore*,
    Un froid mortel saisit ses sens.
165 Par un excès de barbarie
    Fayel prend des soins superflus

Pour la rappeller à la vie ;
Mais elle n'étoit déjà plus.

Lettre de Gabrielle de Vergy à la comtesse de Raoul, sœur de Raoul de Coucy, par Gabriel Mailhol (1766)

    Dans le sein de la terre, ô digne, ô tendre amie,
    Depuis deux ans je vis et meurs ensevelie :
    Et du tombeau témoin de mes malheurs secrets,
    Je vous trace mon sort, et mes derniers regrets.
5   Epouse peu coupable, amante désolée,
    A d'injustes soupçons, sans périr, immolée,
    Ne pouvant m'élancer loin des restes épars
    D'un mets horrible et cher, qu'évitent mes regards,
    Remplissant l'air de cris, furieuse, meurtrie,
10   Par mes sanglantes mains déchirée et rougie,
    Je m'arrache à ce lieu, repaire de serpens
    Moins affreux que l'époux auteur de mes tourmens.
    Sur mon sein j'excitai les dards de ces reptiles :
    Espérance frivole, et transports inutiles !
15   Quand Fayel contre moi remplit ses noirs desseins
    Pour mon malheur encor ces monstres sont humains …

    Peut-être ignorez-vous que tout le sang d'un frère …
    Comment poursuivre ? … Un voile obscurcit ma paupière …
    Chaque trait que je forme est noyé par mes pleurs …
20   Un moment, s'il se peut, suspendons nos douleurs.

    Ce frère fut l'espoir, l'honneur de la Champagne.
    Dès nos plus jeunes ans je devins sa compagne.
    Mêmes soins, mêmes jeux remplissant nos loisirs
    Faisoient couler nos jours dans les mêmes plaisirs.
25   Absente il me cherchoit ; il me trouvoit émuë
    Du chagrin d'avoir pu m'éloigner de sa vuë.
    De joie il en pleuroit, j'éprouvois ses transports ;
    Et je livrois ma bouche à ses tendres efforts.
    Partageant son désir, innocent, mais extrême,
30   J'osois souvent, j'osois le prévenir moi-même.
    Tous deux nous chérissions nos plus légers présens :
    Offroit-il une fleur à mes appas naissans,
    D'abord je m'en parois, et je me croyois belle.

Pénétrés d'une flâme inconnue, immortelle,
35 Ainsi nos jeunes cœurs se préparoient les maux
Dont nos parens cruels nous ont fait des bourreaux :
L'âge encor augmenta cette tendresse active.
Mon ami, plus ardent, me trouva plus craintive ;
Et dès-lors la Nature, ou l'éducation
40 Fit changer les effets de notre passion.
Rougissant, m'éloignant, par Coucy retenue,
Ses yeux, qui me troubloient, faisoient baisser ma vue :
Plus de baisers. Coucy s'en plaignoit, me suivoit ;
Je blâmois ses transports, que mon âme approuvoit :
45 Le fruit de la raison est pour nous le mensonge !
Mais pourquoi rappeller les charmes d'un vain songe ?
Quel réveil le suivit ! Quel jour ! Quel désespoir !
Raoul vole aux combats, je ne dois plus le voir :
On m'arrache aux désirs d'un héros qui m'adore,
50 Et l'on va me livrer à Fayel que j'abhorre.

Doux tyran de nos cœurs, Amour, qui les conduis,
Enfant de la Nature, et qui la reproduis,
Ame de l'univers, et mobile des êtres,
Ah ! Si le genre humain, sans préjugés, sans maîtres,
55 N'eût subi que ton joug, n'eût écouté que toi,
Au comble du bonheur il béniroit ta loi.
Mais l'intérêt, l'orgueil nous forgea des entraves ;
Et la société nous rendit tous esclaves.
Dans nos nouveaux besoins, sources de nos malheurs,
60 Nos seuls guides, nos dieux font l'or et les grandeurs.
A leurs pieds la vertu, l'innocence succombe :
Et le vautour puissant s'unit à la colombe.
La Nature, contrainte en tous ses sentimens,
Ne se reconnoît plus qu'à ses gémissemens.
65 Mais, de tous les humains écrasés sous leur chaîne,
En fut-il dont les maux égalassent ma peine !

Je rejettai les vœux de l'indigne Fayel.
Je ne veux point former un nœud si criminel
Non, j'adore Coucy, lui dis-je avec franchise ;
70 De lui, de ses vertus, Gabrielle est éprise :
Mon sein est un autel à ce dieu préparé,

Où s'entretient un feu pur, immortel, sacré.
Eh ! Bien, dit-il, cruelle, eh ! bien, il faut l'éteindre :
Il faut calmer des maux, qu'au moins vous devez plaindre :
75 Ils sont nés de vos yeux, ils dévorent mon cœur :
Votre père a parlé ; vous ferez mon bonheur,
Et la guerre, entraînant Raoul hors de la France,
M'épargnera le soin de punir son offense.

Quels projets ! Quel arrêt ! Il fut exécuté.
80 Il fut formé ce nœud barbare et détesté.
Ah ! Quand au nom du ciel, on consomma ce crime,
Je crus voir les Enfers enchaînant leur victime.
La liberté, l'amour, l'innocence, l'honneur,
Tout fut sacrifié. Mon père avec horreur
85 Des roses de l'hymen paroit mes funérailles ;
Et la Nature en vain déchiroit ses entrailles.

Tu revins, cher Raoul ; il n'en étoit plus tems :
Ou plutôt ton retour manquoit à mes tourmens.
Dévoré de soupçons, et glacé par la crainte,
90 Mon détestable époux augmenta ma contrainte :
Et, tel que ces dragons d'un jardin fabuleux,
Il me gardoit armé de poisons et de feux.
Il m'amoit ; il mêloit la douceur à l'outrage.
Et mouroit dans mes bras, de plaisir et de rage.
95 En proie à ses fureurs j'abhorrai près de lui
Mon être, les humains, tout, excepté Coucy.
Coucy veut me parler. O fatale entrevuë ! …

Esclave du devoir, par mes nœuds retenuë,
Par l'amour embrasée, et contraignant mon feu,
100 Je disois à Raoul un éternel adieu ;
De ma main, qu'il baisoit, il recevoit un gage
De cheveux enlacés, frivole et cher ouvrage ;
O surprise ! Ô malheur ! On vient ; c'est mon époux.
Escorté, l'œil en feu, transporté de courroux
105 Il va frapper Coucy, Coucy va se défendre,
Je vole entre leurs coups ; on ne veut point m'entendre ;
A leur rage, à leur fer je présente mon flanc ;

       Et leur pitié barbare ose épargner mon sang :
       Cher Raoul, m'écriai-je effrayé, abattuë,
110   Fuis, échappe ; il soupire, et se perd à ma vuë.

       Eh ! Pourquoi donc alors, pourquoi mon foible bras
       Ne me fraya-t-il point la route du trépas ?
       Autour de moi, Fayel laissoit encor des armes.
       Sourd à ma voix plaintive, insensible à mes larmes,
115   Il me fait entraîner, il me charge de fers
       Dans ce séjour d'horreur, image des Enfers …
       Mais, quel est ce forfait dont je fus la victime ?
       La Nature nous dit, aimer n'est point un crime :
       Dans un gouffre de maux. Ah ! Loin de me plonger,
120   Vous deviez, juste ciel, m'absoudre ou la changer.
       Que dis-je ? Aucun forfait ne souilla Gabrielle :
       Je fus ardente, foible, et non pas infidelle :
       Et quand j'ai retenu Raoul, et mes transports,
       De ma raison peut-être on louera les efforts.

125   O vous, de notre sexe adorateurs stupides,
       Hommes présomptueux, et de plaisir avides,
       Tyrans de l'innocence et de la liberté ;
       Quand l'or, ou le pouvoir vous livra la beauté,
       Quel droit vous a donné sur son âme sensible
130   Cette union contrainte, à ses regards horrible ?
       Esclave, dévouée à combler vos désirs,
       Qu'elle soit, par vertu, fidelle à vos plaisirs ;
       Mais, du moins pardonnez à son cœur, qu'il faut plaindre,
       Quelques feux combattus, qu'elle ne peut éteindre.
135   Que fais-je ? A la bonté j'excite des mortels
       Par leur propre intérêt rendus sourds et cruels.
       Leurs fureurs envers nous leur semblent légitimes ;
       Et du dieu Theutatès il leur faut les victimes.

       Qui le fut comme moi ? Ma sensibilité
140   Toujours de mes douleurs accrut l'activité.
       A la sombre lueur d'un flambeau funéraire
       Le sommeil rarement a fermé ma paupière.
       Il ne put me livrer à ces songes affreux

	Qui doublent les tourmens des êtres malheureux.
145	Mais, ô fatalité ! Ces phantômes sinistres,
	De la mort, qui m'appelle, images et ministres,
	Hors même du sommeil, ont fait frémir mes sens.
	De larmes inondée en mes gémissemens
	Quelquefois ma paupière, affoiblie et pesante,
150	Ne me laisse entrevoir qu'une lueur tremblante :
	Mes organes troublés, paroissant sommeiller,
	Ne peuvent, en effet, ni dormir, ni veiller.
	C'est alors, que mon âme en ses accès horribles
	Crée, et voit mille objets effrayans et terribles.
155	Quelquefois, succombant sous un monstre cruel,
	Je l'ai vu transformé ; ce monstre étoit Fayel.
	Par un tigre souvent meurtrie et déchirée,
	J'ai senti tous les coups de sa dent acérée :
	J'excitois sa fureur dans l'espoir de mourir ;
160	Vaines illusions ! Je n'ai pu que souffrir.
	Un jour, enfin, ô crime ! Ô supplice effroyable !
	Ô de mon triste sort image déplorable !
	Homme dénaturé ! Barbare, horrible époux !
	J'ai vu … J'ai vu Raoul expirer sous tes coups :
165	Ta main le déchiroit ; et cette main fumante
	Abreuva de son sang ta femme et son amante.

	Je ne vous verrai plus, enfans de la terreur,
	Spectres nés dans moi-même, et qu'a suivi l'horreur.
	L'instant fatal approche, et va finir ma peine.
170	Terrible et favorable, il fait tomber ma chaîne :
	Et, plaignant un époux aux forfaits endurci,
	Mon âme, avec transport, va rejoindre Coucy.
	Que dis-je ? Quel espoir ! Qui ? Toi, qui les profanes,
	Toi, leur vivant tombeau, toi rencontrer ses mânes !
175	Je frémis ! … Apprenez … Mais comment achever ! …
	Je succombe à des maux que je ne puis braver :
	Cet écrit se dérobe à mes mains défaillantes.
	Que vois-je ? Il est souillé par des traces sanglantes ! …
	Tendre sœur de Raoul, frémissez comme moi …

180	Après deux ans entiers passés dans cet effroi,
	On ouvre ma prison. C'est la dépositaire

Des secrets de mon cœur, Mathilde qui m'est chère.
Elle ignoroit mon sort, et vient dans mon tombeau
Innocemment hélas ! Seconder mon bourreau.
185 Embrassant mes genoux, de ses larmes baignée,
Je viens vous annoncer une autre destinée,
Me dit-elle ; Fayel, las de vous immoler,
Déchiré de remords, demande à vous parler.
Il a fait vos malheurs ; souffrez qu'il les répare.
190 Il est coupable encor, mais il n'est plus barbare.
Quand pour vous délivrer il descend en ces lieux,
Par l'aspect de vos maux il veut punir ses yeux.
Il veut dans un repas, pleurant ses noires trames,
Obtenir son pardon, et réunir vos âmes.

195 De ces mots consolans, de ces vœux de Fayel
Eh ! Qui n'eût comme moi rendu grâces au ciel ?
Mon âme tout à coup dans le plaisir se noie ;
Et mon œil étonné verse des pleurs de joie.
Fayel se montre. Il parle : et son feint repentir
200 Me rend sensible aux maux qu'il paroit ressentir ...
A demi rassuré, et, malgré moi, tremblante,
Je me nourris d'un mets que sa main me présente :
O mon amie ! ... Ô rage ! Incroyable tourment ! ...
Ma bouche a dévoré le cœur de mon amant.
205 Je l'apprends de Fayel ; il s'échappe : et je tombe
Sur la terre souillée, où va s'ouvrir ma tombe.

Quel démon assez noir a donc pu te forcer
Au crime que ma plume à peine ose tracer,
Perfide ? ... Mais Mathilde à mes ordres fidelle
210 Va d'un poison brûlant ... J'entends ouvrir ; c'est elle ...
Coulez, fatal breuvage, et portez dans mon sein
Les maux, l'horreur, la mort, plus doux que mon destin ...
Je triomphe ; à la terre enfin je suis ravie.
Je n'y regrette hélas ! Que l'âme d'une amie ...
215 Elle déplorera mon amour, mon malheur.
Mais je sens ... Quel tourment ! Quelle affreuse douleur !
Ah ! Mon amie ! Ô ciel ! ... Eh ! Quoi ! Dois-je me plaindre
De ce feu dévorant, qui bientôt va s'éteindre ?
Destructeur de mon être, il comble mon désir.

220   Ah ! Souffre, malheureuse, et meurs avec plaisir …
        Amis, amans, époux qui lirez mon histoire,
        Accordez quelques pleurs à ma triste mémoire.
        Et vous qui contraignez les cœurs de vos enfans,
        Soyez leurs bienfaicteurs, et non pas leurs tyrans.
225   Vous devez les chérir, les guider, les instruire ;
        Mais leur cœur…C'en est fait…Raoul !…Raoul ! … J'expire.

MHRA Critical Texts

This series aims to provide affordable critical editions of lesser-known literary texts that are not in print or are difficult to obtain. The texts will be taken from the following languages: English, French, German, Italian, Portuguese, Russian, and Spanish. Titles will be selected by members of the distinguished Editorial Board and edited by leading academics. The aim is to produce scholarly editions rather than teaching texts, but the potential for crossover to undergraduate reading lists is recognized. The books will appeal both to academic libraries and individual scholars.

Malcolm Cook
Chairman, Editorial Board

Editorial Board

Professor John Batchelor (English)
Professor Malcolm Cook (French) (*Chairman*)
Professor Ritchie Robertson (Germanic)
Professor Derek Flitter (Spanish)
Professor Brian Richardson (Italian)
Dr Stephen Parkinson (Portuguese)
Professor David Gillespie (Slavonic)

Published titles

1. *Odilon Redon, 'Écrits'* (edited by Claire Moran, 2005)

2. *Les Paraboles Maistre Alain en Françoys* (edited by Tony Hunt, 2005)

3. *Letzte Chancen: Vier Einakter von Marie von Ebner-Eschenbach* (edited by Susanne Kord, 2005)

4. *Macht des Weibes: Zwei historische Tragödien von Marie von Ebner-Eschenbach* (edited by Susanne Kord, 2005)

5. *A Critical Edition of 'La tribu indienne; ou, Édouard et Stellina' by Lucien Bonaparte* (edited by Cecilia Feilla, 2006)

6. *Dante Alighieri, 'Four Political Letters'* (translated and with a commentary by Claire E. Honess, 2007)

7. *'La Disme de Penitanche' by Jehan de Journi* (edited by Glynn Hesketh, 2006)

8. *'François II, roi de France'* by Charles-Jean-François Hénault (edited by Thomas Wynn, 2006)

9. *Istoire de la Chastelaine du Vergier et de Tristan le Chevalier* (edited by Jean-François Kosta-Théfaine, 2009)

10. *La Peyrouse dans l'Isle de Tahiti, ou le Danger des Présomptions: drame politique* (edited by John Dunmore, 2006)

11. *Casimir Britannicus. English Translations, Paraphrases, and Emulations of the Poetry of Maciej Kazimierz Sarbiewski* (edited by Krzysztof Fordoński and Piotr Urbański, 2008)

12. *'La Devineresse ou les faux enchantements'* by Jean Donneau de Visé and Thomas Corneille (edited by Julia Prest, 2007)

13. *'Phosphorus Hollunder' und 'Der Posten der Frau' von Louise von François* (edited by Barbara Burns, 2008)

15. *Ovide du remede d'amours* (edited by Tony Hunt, 2008)

16. Angelo Beolco (il Ruzante), *'La prima oratione'* (edited by Linda L. Carroll, 2008)

Forthcoming titles

14. *Le Gouvernement present, ou éloge de son Eminence, satyre ou la Miliade* (edited by Paul Scott)

17. Richard Robinson, *'The Rewarde of Wickednesse'* (edited by Allyna E. Ward)

18. Henry Crabb Robinson, *'Essays on Kant, Schelling, and German Aesthetics'* (edited by James Vigus)

19. *A Sixteenth-Century Arthurian Romance: 'L'Hystoire de Giglan filz de messire Gauvain qui fut roy de Galles. Et de Geoffroi de Maience son compaignon'* (edited by Caroline A. Jewers)

20. Evariste-Désiré de Parny, *'Le Paradis perdu'* (edited by Ritchie Robertson and Catriona Seth)

21. Stéphanie de Genlis, *'Histoire de la duchesse de C***'* (edited by Mary S. Trouille)

For details of how to order please visit our website at www.criticaltexts.mhra.org.uk

www.ingramcontent.com/pod-product-compliance
Lightning Source LLC
Chambersburg PA
CBHW070557170426
43201CB00012B/1865